大科学家的小故事

达尔文

张启伟 编

苏州大学出版社
Soochow University Press

图书在版编目(CIP)数据

达尔文/张启伟编．—苏州：苏州大学出版社，2012.6（2014.9 重印）
（大科学家的小故事/王建成，吴文智主编）
ISBN 978-7-5672-0096-8

Ⅰ.①达… Ⅱ.①张… Ⅲ.①达尔文，C.（1809～1882）－生平事迹－青年读物②达尔文，C.（1809～1882）－生平事迹－少年读物 Ⅳ.①K835.616.15－49

中国版本图书馆 CIP 数据核字(2012)第 102689 号

达尔文

大科学家的小故事

编　　者　张启伟
丛书策划　李寿春
责任编辑　王晓丹
装帧设计　刘　俊
出版发行　苏州大学出版社
地　　址　苏州市十梓街 1 号
邮　　编　215006
电　　话　0512-65225020　65222617(传真)
网　　址　http://www.sudapress.com
印　　刷　南通印刷总厂有限公司
开　　本　850 mm×1 168 mm　1/32　印张 5.75　字数 103 千
版　　次　2012 年 6 月第 1 版　2014 年 9 月第 3 次印刷
书　　号　ISBN 978-7-5672-0096-8
定　　价　12.00 元

序

勒格罗在法布尔的传记《敬畏生命》中写道:“每一个时代总是会有那么一些具有特殊才能的人们,以他们不朽的贡献在人类进步的过程中留下值得纪念的一笔。特别是那些在某些领域里开拓出新的境界的人们,更加值得我们怀念。对于他们这样的人杰,单单只是抱着一种敬仰的态度显然是不够的。如果能够将人们对他们的怀念虔诚地搜集起来,无疑可以对后世起到一种教育和楷模的作用。”

他们生活在不同的年代,奋斗在不同的科研领域,经历过成功的喜悦,也遭受过失败的痛苦,最终,他们的研究促进了人类社会的进步,赢得了历史的认可。因此,在后人的眼中,那些著名科学家往往是传奇般的英雄。他们总是废寝忘食地工作在远离人间烟火的实验室里,做事也是一板一眼,仿佛与风趣幽默沾不上边。

确实,科学是严谨的、深奥的,科学家是寂寞的,和科学家们打交道最多的也是实验室以及实验数据。他们性格不同,背景迥异,却无不具备细致入微的观察力,坚韧不拔的毅力,无比深邃的科学思想,可歌可泣的奉献精神。他们就像神探福尔摩斯一样,在大自然的蛛丝马迹中探寻人类未知的宇宙间的秘密。他们发明和发现的道路如同原始森林中的崎岖小径，一波三折，跌宕起伏，丰富多彩。从书中一个个生动的故事为我们破解了一位位科学巨人成功的奥秘。从这个意义上说，科学家的生活又是迷人的。

牛顿非常勤奋，他一生中的绝大部分时间是在实验室里度过的，他常通宵达旦地做实验，有时一连六个星期都在实验室工作，不分昼夜，直到把实验做完为止。

达尔文从小就喜欢花草树木、鸟雀虫鱼。上学以后，他仍然保持着对大自然的浓厚兴趣。他骑马、打猎、钓鱼、采集矿石、捕捉昆虫、钻进树林观察鸟类的习性。对达尔文来说，整个世界就是一个大问号，要探索、思考的事情实在太多了。

爱迪生从小就对很多事物感到好奇，喜欢亲自去试验，直到明白了其中的道理为止。长大以后，他就根据自己这方面的兴趣，一心一意从事研究和发明。他在新泽西州建立了一个实验室，一生的发明共计两千余种。

居里夫人的大半生都是清贫的，提取镭的艰苦过程是在简陋的条件下完成的。居里夫妇拒绝为他们的任何发现申请专利，为的是让每个人都能自由地利用他们的发现。

一个爱说废话却不用功的青年，整天缠着爱因斯坦，要他公开成功的秘诀。爱因斯坦写了一个公式给他：

$$A = x + y + z$$

爱因斯坦解释道：“A 代表成功，x 代表艰苦的劳动，y 代表正确的方法……”“z 代表什么?”青年迫不及待地问。“代表少说废话。”爱因斯坦说。

这是一套引人入胜、让读者受益无穷的丛书，在轻松的故事叙述中阐释深刻的哲理，引导青少年步入科学殿堂。丛书不仅介绍了科学家的人格、所处的社会和时代、思想历程，还阐述了科学家的科学发现与技术发明的基本知识及其意义，引导青少年认识科学研究的过程、方法和基本原则。同时，考虑到丛书面向的是青少年读者群，编写者有意跳过那些深奥难懂的技术细节，在对这些大科学家别样人生的讲述中，注重诠释科学精神，展现大家风采，激励读者登攀。

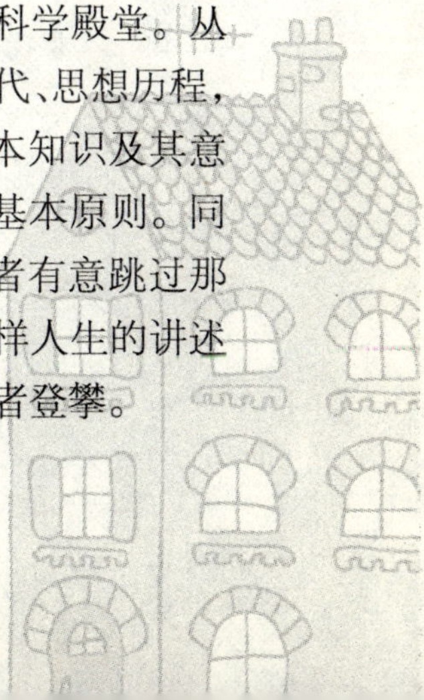

目录 Contents

童年生活

- 我一贯力求思想不受束缚。
- 我既没有突出的理解力，也没有过人的机智。只是在觉察那些稍纵即逝的事物并对其进行精细观察的能力上，我可能在普通人之上。

高尚慈爱的父母

在距离伦敦大约220公里、距离西海岸约100公里的地方，有一座英国的古城施鲁斯伯里，它被蜿蜒回转的塞文河环抱着。在小城西北郊塞文河岸的悬崖峭壁上，有一座三层的红砖楼房，从这里能看到塞文河最美丽的风景。1809年2月12日，一声嘹亮的男婴的哭声从这座优雅别致的楼房里传了出来，这个男婴就是查理·达尔文。

达尔文在家里的六个孩子中排行第五，也是他父母的第二个儿子。在他的一生中，他从一个学术失败者转而成为一位享誉全球的世界上最伟大的生物学家之一。

小达尔文的父亲罗伯特·达尔文是一名医生。他是一个身材魁梧的人，身高1.88米，很胖，体重约有160公斤。罗伯特·达尔文作为一名医生享有很高的声望。他对病人的关心，他那博得人们信任的本领和他那高度敏锐的观察力（这使他总是能够预先准确地说出病的发展经过）——这一切对他的成功都起了推动作用。他在21岁以前就开始行医了，在施鲁斯伯里刚行医半年就诊治了四五十个病人。这样，他刚开始行医就能够完全靠自己的收入为生，而不需要他父亲的资助。他很能博得人们的信任，所以许多病人往往不只是向他诉说自己的健康状况，而且还把自己的忧虑和不幸讲给他听。查理·达尔文说他父亲是“人们当中最聪明的人”，他对父亲无限信赖。达尔文在回忆父亲时，常常列举几件描述这位医生具有敏锐的洞察力的趣事。

例如，查理听父亲说过，城里曾经有位小工厂主向他借一万英镑以缓解其工厂和家庭的经济问题。一万英镑，对于当时还不富裕的罗伯特医生来说，并不是个小数目。而且这位小工厂主还不能提供任何具有法律效力的抵押品，充其量只能留下一张写着“日后归还”的字据。即使是这样，罗伯特医生还是尽自己所能，给这位小工厂主凑齐了一万英镑，缓解了他的燃眉之急。

罗伯特·达尔文医生看病医德为先。他看病不仅为病人着想，更为那些病人家属着想。他曾教育小达尔文说，做一名医生最重要的是所作所为要对病人有利，要使病人以及病人的家属能鼓起希望和勇气。曾有一位施鲁斯伯里城里地位显赫的老绅士生了病，请罗伯特医生去参加会诊。这位老绅士家里本来还有位家庭医生，这位医生断定病人已无救治的必要了，但罗伯特医生对老绅士的夫人说病情还有回转的余地。不久以后，老绅士病重去世了。令人意想不到的是，乡绅夫人不仅没有对罗伯特医生的诊断有微词，反而把那位家庭医生辞退了，并把罗伯特医生请来为自己的家人看病。原来，那位家庭医生的一句话给病人和家属带来了绝望和悲痛，而罗伯特医生的一句话却给他们带来了希望与安慰。

罗伯特·达尔文医生为人正直。在他的一生中，他曾救治了无数的患者，在生活中，他也帮助好多人解除了困惑和痛苦。不管是生活琐事，还是家庭纠纷，人们只要遇到问题，总会去寻求他的帮助。罗伯特医生成了一位德高望重的人，人们甚至会把他的行为准则尊为他们生存处世的道德标尺。一次，施鲁斯伯里城里的一个银行大股东偷偷自杀了。这个消息一旦被人所知，银行的业务势必会受到冲击。罗伯特医生当时被请去鉴定尸体，当他想到这些，便马上去通知了银行。第二天，银行大股东自杀的消息还是被传播了开来。有人说看到了罗伯特医生从银行取走了自己的存款。储户们听到平时非常敬重的罗伯特医生都已经取走了自己的存款，也纷纷跑到银行去取钱。在众人的压力下，银行不得不公开了罗伯特医生的账户，结果众人发现罗伯特医生的账户分文未动。于是，人们对正直的罗伯特医生更加敬重了。

成长于这样的环境中，达尔文无疑受到了潜移默化的影响。父亲希望达尔文能继承自己的医术，所以总是严格要求达尔文。由于达尔文的天性使然，达尔文并没有从父亲那里获得许多理性知识，但罗伯特医生却一直是达尔文的道德榜样，这种影响一直伴随了达尔文的一生。

父亲总是严厉的教师，母亲才是关爱的天使。在达尔文眼里，母亲苏珊娜就是这样。

苏珊娜是英国著名陶瓷技师乔赛亚·韦奇伍德的大女儿，她在思想上非常传统，是一个虔诚的基督徒。

罗伯特医生的父亲和苏珊娜的父亲是好朋友，在一次罗伯特随父亲拜访苏珊娜的父亲时，他们双双坠入了爱河。由于两家家庭宗教信仰不同，苏珊娜的父亲不同意这门亲事。然而两人的恋情之火并没有因为宗教信仰的不同而止息，相反却愈演愈烈。这段长久的马拉松式爱情直到苏珊娜的父亲去世后的第二年才有了结果：他们终于结婚了。

苏珊娜是个有教养、有见识的妇女，她懂得怎样爱护儿童的好奇心，对孩子们提出的稀奇古怪的问题，她从来都不会简单地说一句“傻孩子，问这些干什么”了事，而总是耐心地进行解答。

达尔文小的时候，有一次跟妈妈到花园里为小树培土。

妈妈说:“泥土是个宝,小树有了泥土才能生长。别小看这泥土,是它长出了青草,喂肥了牛羊,我们才有奶喝,才有肉吃;是它长出了小麦和棉花,我们才有饭吃,才有衣穿。泥土太宝贵了。”

达尔文问:“妈妈,那泥土能不能长出小狗来?”

“不能呀!”妈妈笑着说,“小狗是狗妈妈生的,不是泥土里长出来的。”

达尔文又问:“我是妈妈生的,妈妈是姥姥生的,对吗?”

“对呀!所有的人都是他妈妈生的。”

“那最早的妈妈又是谁生的?”

“是上帝!”

“那上帝是谁生的呢?”

妈妈答不上来了。她对达尔文说:“孩子,世界上有好多事情对我们来说都是个谜,你像小树一样快快长大吧!这些谜等待你去解开呢!”

达尔文自幼喜欢花草树木、鸟雀虫鱼。上学以后,他仍然保持着对大自然的浓厚兴趣。他经常骑马、打猎、钓鱼、采集矿石、捕捉昆虫、钻进树林观察鸟类的习性。对达尔文来说,整个世界就是一个大问号,要探索、思考的事情实在太多了。

达尔文的童年的早期似乎是平静而幸福的，但在他还不到八岁半的时候，他的母亲去世了。于是他的姐姐玛丽安娜、卡罗琳、苏珊代替妈妈来照顾他。她们非常爱她们的小弟弟，并与他一起分享从他们的母亲那里继承来的宗教信仰。这样，尽管他早早地失去了母爱，但他在一种温暖舒适的家庭环境——爱意浓浓的安全港湾里长大。他接触的是既有激进的学术性又有传统的价值观点的讨论。这种错综复杂的影响对他来说非常重要，贯穿了他的一生，这从他的世界观和个性中都可以找到印记。

有人说达尔文对大自然的爱好是与生俱来的。其实，实际情况是良好的早期家庭教育才使达尔文的思想得以启蒙。

舅舅乔赛亚

在达尔文的青少年时代，有一个人很看重他的爱好和在博物学方面的兴趣，并且鼓励达尔文朝这方面发展，这个人就是他的舅舅乔赛亚。

乔赛亚是达尔文的母亲苏珊娜的小弟弟，他原来是个陶瓷工，在达尔文的外祖父死后，他担任了老乔赛亚创办的乔赛亚·韦奇伍德陶瓷公司的总经理，家境富足。1802 年，他在斯塔福德郡的特伦特河畔购置了一座美丽的庄园——美尔庄园，乔赛亚的美尔庄园距施鲁斯伯里约 30 公里。达尔文的母亲去世后，舅舅对他的外甥更加疼爱，经常邀请达尔文到美尔庄园去度假。在这些美好的时光里，达尔文和舅舅一家建立了非常亲密的关系。

舅舅和舅母一共生了九个孩子，除了一个女孩夭折外，还有四个男孩和四个女孩，他们的年龄都比达尔文大。舅舅全家都十分喜爱达尔文。美尔庄园是达尔文的一个乐园。

在美尔庄园奇异美丽的树林里，达尔文尽情地嬉戏。他一边玩，一边搜集自己从来没有见过的植物，捕捉从来没有逮过的昆虫和飞蛾。他还对林荫处和那些潮湿地方的苔藓产生了很大的兴趣。他研究了美尔庄园能看到的各种菌类，想象它们在植物进化中的位置。直到许多年后，他提出自己的进化论观点时，还设想菌类可能就是动物与植物之间的中间环节。虽然他最后放弃了这种假说，但他青少年时期在美尔庄园的树林中产生的这些“怪念头”，还深深地扎根在他的脑海里。

美尔庄园成了达尔文最初的猎场、植物园和天然课堂，他从嬉戏中学到的动物学和植物学方面的知识，既形象又生动，让他终生难忘，受用无穷。

罗伯特医生对儿子迷恋博物学并不当回事，以为不过是一般儿童的天性，随年龄增长自然就会减退。可乔赛亚舅舅却不这么看，乔赛亚非常了解自己的外甥，甚至比他父亲更能理解他。乔赛亚是一个兴趣十分广泛的人，他本人也热爱博物学，并有很多科学家朋友。他有一个藏书丰富的图书馆，收藏了许多关于自然奇迹的书籍。

达尔文对这些藏书十分着迷。他常常在舅舅的书房里一待就是半天，阅读这些令他惊奇的书籍。

在达尔文 16 岁生日那一天，表哥表姐们为表弟准备了一个大生日蛋糕，还点燃了 16 支蜡烛为他祝贺。正在这时候，乔赛亚舅舅走进来，把一个长方形的扁布包递给达尔文，说：“查尔斯,这是我送给你的生日礼物,你猜猜看,里头包着什么?”

达尔文拿在手里掂了掂,说:“还真不轻呢,能打开看看吗?”

“当然,查尔斯!”

达尔文三下两下打开布包,一看,原来里面包的是一本书——《塞尔伯恩博物学》。“噢!太好了!妙极了!谢谢舅舅。”达尔文高兴地蹦了起来。

达尔文十分喜爱乔赛亚舅舅,对他有一种特别亲切而崇敬的感情,认为他有见识,是非分明,有什么心里话都愿意对他说。

还有一次,乔赛亚舅舅的一个朋友高尔顿来到美尔庄园,刚巧看到达尔文站在庄园门口的气压计前出神。

这个气压计上面有一个装着水银柱的玻璃管,还配了刻度盘。高尔顿是个“科学迷”,他看见达尔文这么入神地观察这个气压计,就问:“你知道这是什么吗?”

“知道,是气压计。”达尔文答。

“你会使用它吗?”

“不会。”

“那就让这位叔叔教教你。”舅舅在一旁插话了。

舅舅走后,高尔顿差不多用了一上午的时间,教会了达尔文怎样看刻度盘,还给他讲解了气压计的原理。

吃午饭的时候,舅舅问达尔文:“高尔顿叔叔讲得怎么样? 都听懂了吗?”

“听懂了,不信我现在就讲给你听。”

“很好。不过,我还想给你提个建议,把你刚才听到的和观察到的一切都详细地记录下来。”

“嗯。”

午饭后,达尔文果然按舅舅说的去做了。然后,他把整理好的观察记录拿给舅舅看。“还不错,今后,你再做动物或植物标本时,也应该做详细的记录。”舅舅又向达尔文提出新的要求。

几天后,达尔文又把一份昆虫标本记录拿给舅舅看,记录本上还有一些达尔文用铅笔画的插图,可是舅舅看了却摇摇头,说:“你为什么要画这些插图呢?”

“因为好看呀,有时候用文字是说不清楚的。”达尔文解释说。

“你错了,查尔斯。科学家不是画家。你要学会用自己的语言,把一朵花、一只蝴蝶和一种苔藓描述出来,而不是把它们画出来。”

“如果描述不清楚呢?”

“那一定是你没有抓住它们的特征。不然，别人就能根据你的描述辨认出它是什么。”

达尔文把舅舅的话牢牢地记在心里。为了提高自己的语言表达能力，达尔文努力丰富自己的词汇，他读《莎士比亚戏剧故事集》，读拜伦、雪莱、华兹华斯的诗歌，他尤其喜欢弥尔顿的十四行诗。他经常随身携带一本薄薄的羊皮封面的《十四行诗》。

乔赛亚舅舅是达尔文的亲属中最理解他的人，达尔文非常尊敬和爱戴乔赛亚舅舅。舅舅的支持和培养，加上达尔文自己的努力，使他幼年时的兴趣发展成终生的志向。无怪乎达尔文称赞他是“世界上最有见识的人”了。

达尔文晚年回忆他舅舅时说：我是极尊敬乔赛亚舅舅的。他虽然沉默寡言，显得是一个很严肃的人，可是他有时候也同我海阔天空，无所不谈。他是一个是非极其分明的最典型的正直人。我不相信世界上会有什么力量可以使他跨出他所认定的正确轨道一步。我时常在心里用贺拉斯的颂诗中的名句来形容他。这些名句是：“群众的盲目热情，暴君的凶恶面目，亚得里亚海的狂风巨浪，宙斯手中的迅雷闪电，都不能动摇追求真理、意志坚定的人。”在达尔文的心目中，乔赛亚舅舅就是一个毫不动摇地追求真理、意志坚定的人。

多姿多彩的野外生活

达尔文是家里的第五个孩子，他还有三个姐姐和一个哥哥。达尔文的母亲身体很瘦弱，在罗伯特医生创业之初十分操劳。母亲总是在那张针线桌前不辞劳苦地缝缝补补。虽然达尔文的母亲很能干，但她的身体已经大不如从前了。达尔文和小他一岁的妹妹凯瑟琳的出生，使得她的身体状况越来越差。

从 1816 年起，母亲卧病在床的日子越来越多。这时，达尔文由于有了妹妹的陪伴，经常在外面玩得不亦乐乎。看着这两个孩子开心的笑容，母亲的心里多少得到些慰藉。然而，两个孩子可能没有意识到，母亲脸上的血色开始越来越少，父亲待在母亲身边看护的日子也变得越来越多。

母亲生病在床，不能陪着达尔文再在花房里玩了。于是，外面的世界就成了两个小家伙的乐园。对于达尔文来说，野外生活永远是有趣而迷人的。在花房外面的小路旁边，长着一棵栗树。这是达尔文最喜爱的 棵树，因为这棵树上面，有他和妹妹凯瑟琳的“座位”。爬树，对于达尔文来说是小菜一碟，因为他经常爬树捉知了、掏鸟蛋。达尔文捉昆虫、掏鸟蛋并不是和普通孩子一样出于淘气，他更热衷于收集。就拿掏鸟蛋来说，一般淘气的孩子会把鸟窝里的鸟蛋掏个精光，更有甚者会把鸟窝直接从树上给丢下来。达尔文则不同，掏鸟蛋只拿一个，从来不多拿。他搜集昆虫的方式也很特别，他认为为了采集标本而去杀死昆虫是很残忍的行为，他不愿看到它们经受痛苦。所以，他收集的通常都是那些小昆虫的尸体。他热爱这些生命，从不践踏虐待它们。

有一次，他正在花园里玩，突然有一只小狗向他直奔过来，达尔文误以为小狗要咬他，情急之下，他朝小狗的屁股狠狠踢了一脚。小狗落荒而逃，这本是一件很小的事情，达尔文的心里却非常难受。

直到晚年达尔文还清楚地记得这件事，他在《回忆录》中写道："这种行为使我的良心深感不安，因为至今我还记得那次犯罪的准确地点。它大概给我留下了深刻的苦痛。"

达尔文不光会爬树，他还会游泳。施鲁斯伯里的四周不乏池塘和小河，达尔文没事时就带着钓竿、水桶去捉鱼摸虾。他常常拿着钓竿接连几个小时坐在河边。别的孩子都用活蚯蚓做诱饵，因为摇摆的蚯蚓能把鱼儿引上钩，但达尔文不忍心把一条活生生的蚯蚓挂在鱼钩上。达尔文一般去寻找死了的蚯蚓，但死了的蚯蚓比活的更难找。钓鱼有助于修身养性，培养耐力，专注地垂钓可以让达尔文摒除一切杂念，达到忘我的境界。

达尔文并不只是爱玩，其实他也喜欢长时间地单独散步。因为散步和钓鱼一样，可以让他专心致志地进行思考。他常常边观察边沉思，甚至忘记了危险。有一次，达尔文在一个古代城堡上散步，像往常一样陷入了沉思，他心不在焉地迈动着缓慢的脚步，突然一脚踩空，从城垛上跌了下来。幸运的是，达尔文并没有摔伤。这时候，达尔文的神智非常清醒，头脑还在思考。他回忆说：“在这场突如其来的、跌下来的一刹那间，在我头脑中闪过念头的数目却是惊人的多。这一切，好像和生理学家们所提出的每个念头需要客观时间的说法，是不相符的。”这场虚惊竟成了他一次难得的实验了。

达尔文的父亲并不愿意自己的孩子总是在外面疯玩，他想让达尔文受到更多的古典教育。由于达尔文的母亲苏珊娜的身体一天不如一天，他把更多的精力放在了妻子身上。

直到达尔文八岁时，父亲才把他和妹妹送到了当地凯斯先生的学校里去读书。

凯斯是达尔文的母亲信奉的那支教派的神父。在凯斯先生的学校里，达尔文最喜欢上的就是自然常识课。课堂上，老师经常会展示一些动植物和矿石的标本和画片。达尔文对那些神秘的物种总是感到新奇。相比之下，他对其他的科目就不是那么上心了。

同妹妹凯瑟琳相比，达尔文的成绩显然不如妹妹。女孩在学生时代好像往往比男孩子要聪明，因为她们总是要比男孩子规矩些。在姐姐的指导下，凯瑟琳的功课比达尔文做得要好很多，成绩也比达尔文好。

达尔文在学习上赶不上妹妹凯瑟琳，不过他却有另外一些兴趣，即在搜集方面的兴趣：他收集矿物、贝壳、硬币和图章。

应当指出，在家庭成员中只有他特别爱好收集，他的哥哥和四个姐妹都不进行收集。就在这时他已经对自然史产生了兴趣，他竭力要弄清楚各种植物的名称。

达尔文的姐姐看到他的这些东西时，十分生气，因为在她眼里，这些东西根本不是什么宝贝，而是把屋子搞得乱七八糟的垃圾。姐姐生气地对达尔文说："我不管你用什么方法，扔掉也好，烧掉也好，或者送人也罢。你要赶紧把这些昆虫尸体和这些破烂东西弄走。我不想让它们再出现在我眼前！"达尔文才不会丢弃他的宝贝呢，对于姐姐的话，他只是任其像耳旁风一样吹过。

达尔文的姐姐并不知道，在收集这些东西的过程中，达尔文学到了许多课堂上没有学过的知识。正是在这收集过程中，达尔文动手动脑的能力才得到了充分的锻炼。正是这童年时期的小小兴趣，引出了后来的博物学家伟大的成就。

达尔文并不是一个听话的孩子，有时也会耍些小聪明。达尔文家种了许多果树，在成熟季节，树上会挂满一个又一个诱人的果实。达尔文看到它们，总是惦念着想尝尝它们的味道。但是，等他放学回来，果园的大门已经锁上了。这难不倒达尔文，因为在靠近围墙的地方长着一棵大树，达尔文就顺着这棵大树翻进院子。果园里的桃李树并不高，但是达尔文年龄小，个子矮，根本够不着。达尔文看了下园内，园子里没有梯子，只有两根长棍，还有几个空的花盆。达尔文抄起棍子去打果实，结果果子都掉到了草丛里，不好找。达尔文琢磨了半天终于想出了个好主意。他把木棍插在空花盆的底洞里，再把花盆向上举起，然后把它伸到那些果实下面，这样，只要用另一根长棍把果实打到花盆里即可，这样，他就能吃到新鲜诱人的水果了。

就在达尔文进入凯斯先生的学校这一年的夏天，达尔文的母亲苏珊娜去世了。尽管达尔文的父亲尽其所能精心诊治，并陪在她身边百般看护，但还是没能阻止这噩运的降临。1817年，达尔文永远失去了自己心爱的母亲。当时，他还不到八岁半。母亲苏珊娜在弥留之际还念念不忘达尔文，她对丈夫说："罗伯特，查尔斯的爱好是有些怪，但是我希望你能保护他的兴趣和爱好。我相信，只要好好加以引导，他将来一定会有出息的。"

苏珊娜去世后，抚养教育子女的责任和生活的重担都落在了达尔文的父亲肩上。不过，罗伯特医生对于子女的教育并没有因为生活的艰辛而就此停止。为了实现对苏珊娜的承诺，为了让达尔文得到更好的教育，父亲让达尔文离开了只读了一年的凯斯先生的学校，随哥哥伊拉兹马斯一起转到布勒特寄宿学校就读。

强烈多样的兴趣

在布勒特中学的生活是单调枯燥的,但达尔文的课外生活却是多姿多彩的。通过这些课外的学习和活动,达尔文获得了多方面的兴趣和能力。

在布勒特中学的课余时间,达尔文的搜集兴趣并没有停止,而是越来越强烈。他急切地想要了解自己所感兴趣的事物,力争弄清楚为什么是这样而不是那样,他要找到原因。

课余时间,达尔文最热衷于捕捉昆虫和采集矿石。不过,这时他采集矿石的做法还很不科学,他只关心和寻找各种新奇的矿石,并没有考虑过将它们分类以方便日后研究使用。不过,毕竟他还不是学者,也不是为了做研究的目的去收集,再加上他还没有矿物学方面的知识,采集到的矿石对于他来说纯粹就是收藏品。昆虫收集也一样,他总是收集那些以前没有见到过的新品种。有时,也能遇到一些稀有的昆虫。每当这时,达尔文会为拥有一个新的标本品种而高兴一天。

一年夏天,父亲陪伴他到威尔士的海边避暑度假。在那里的那段日子，除了欣赏到海边充满无穷魅力的美景，达尔文还发现了在施鲁斯伯里从来没有见过的大昆虫，比如一些飞蛾等品种。自然界的物种之繁多让他感到非常惊奇和不可思议，他觉得大自然比他所看到的其他美丽事物更能吸引他。度假归来时，达尔文的行李中又多了许多新的标本。

在学校学习期间，达尔文虽然很讨厌读那些枯燥无味的教科书，但也读到了不少好书。其中，有两本是他最喜欢读的，也对他有比较深远的影响。

一本就是《塞尔伯恩博物志》。这是一部地方动物志，也算是一本小百科似的书籍。书中记载了好多的动物、植物和矿物。其中，对于鸟类的种类和习性描写得十分详细。读了这本书后，达尔文对于观察鸟类活动变得十分着迷。他常常一大清早就跑到林子里去看鸟儿怎样在枝头跳来跳去，怎样寻觅食物，傍晚还会去看它们怎样飞回自己的巢。即使在刮着风的傍晚，他也会沿着海滨散步，一边走，一边观赏那些在风中被吹得飞错了回家路线的海鸥。所有这些他观察到的东西，他都会把它们记录下来。

另一本是叫做《世界奇观》的书。有一天，达尔文在学校里看到他的一个同学在上课时竟然把一本书放在大腿上去看，而且还看得津津有味。他很好奇，下课后他跑到同学身边问道:“你刚才上课干吗呢?你看的是什么书,那么让你入迷?借给我看看行吗?”

“你没看过吗?这本书非常棒!好多人都传着看呢!真的,里面的东西太神奇了。我马上就要看完了,等我看完就借给你看。”

于是,达尔文迫不及待地想要看这本书。书一借到手,他马上不分昼夜地抱着看。确实像同学说的一样,这是一本神奇的书。书里讲了很多奇特的古代建筑,有罗德里岛的巨型太阳神雕塑,有埃及几百英尺高的神奇金字塔,以及充满无限神秘色彩的巴比伦空中花园。每当下课后,同学们便会聚集到一起,来争论这本书里那些不可思议的古代建筑奇迹是否确实存在。这时,达尔文的心里突然涌起了一个愿望:他想要到遥远的地方去看个究竟。他对同学说:“如果我能坐船到世界各地去旅行,那该有多么惬意啊!”

一次假期,他去姑父家探亲。姑父是一个枪法非常准的好猎手。姑父的父亲在伯明翰开过军火厂,家里有许多精致的猎枪。姑父看到达尔文聚精会神地盯着他的那些猎枪时,马上就明白了达尔文的心事。他对达尔文说:“光用眼睛看是打不到鸟的,拿起枪,跟我去林子里试一试手。”

达尔文挑了一支小猎枪,高兴地跟着姑父来到了林子里。姑父先教他如何观察猎物，由于达尔文之前对于收集标本和观察昆虫、鸟类下了很多工夫，所以，观察猎物对他来说并不难。让他比较犯难的是如何托起枪，怎样瞄准和扣扳机。也许是紧张的原因吧，他的眼和手并不配合。在林子里转了一天，子弹打了不少，耳朵也被枪声震得嗡嗡作响，但就是没有击中任何一只猎物。姑父看着他，忍不住笑了出来："哎，孩子，有收获吗？你看，鸟儿们正站在树上笑你呢！"达尔文觉得脸上火辣辣的，最后一声不响地跟着姑父回到了家。

离开姑父家时，姑父把那支小猎枪送给了达尔文。回到家后，达尔文每天早晚都用姑父给他的那支小猎枪在花园里练习瞄准和射击。

经过长期的练习，他的枪法进步很快。不久，姑父来达尔文家拜访，达尔文拉着姑父到林子里去看他的枪法。在林子里，姑父笑着说："怎么，现在能找到鸟儿了？"达尔文没有说话，而是把手套褪了下来，使劲往空中一抛，然后迅速地拿起枪并开火。只听"砰"的一声过后，手套被轰成了碎片。姑父笑了笑说："这没什么。"达尔文看了看姑父，没有说话。接下来他又以干脆的一枪击中了一只黑松鸡。这时，姑父才不再笑了。达尔文的脸上露出自信而又得意的神情。

校园生活

- 敢于浪费自己生命当中一小时的人，尚未发现生命的价值。
- 我不能忍受游手好闲，因此，我以为只要我能够做，我就会继续做下去……

在布勒特寄宿学校

1818年,父亲把9岁的达尔文送入了布勒特寄宿学校学习,这是一种所谓的文法学校,在英国已有很悠久的历史。这种学校大多是私人办的。教的课目主要是古代语言:拉丁文和希腊文。数学教得很少,自然科学和现代语言教得更少了。甚至本国语文——英文也几乎不教。学生只是偶尔把一些古文的散文和诗翻译成英文。学生的大部分时间都花在学写毫无意义的古诗上。

学校对学生的管理非常严格,学生稍有不是,就要受到严厉处罚。这种学校里时常可以听到打耳光、藤条打手心的声音。管理学校的通常都是僧侣阶层的人。

达尔文在这里度过了七年学习生活。随着年龄的增长和性格的养成,达尔文发现自己越来越难适应这种古典教育。

像许多以前的还有以后的孩子那样,学校并不是一个天堂,达尔文并不喜欢学校。直到他年龄非常大的时候他才真正开始从学习和发现新东西中找到快乐。

他其实更喜欢自然科学，然而这在学校中是被禁止的。强烈的自然探索精神与顽固的旧式教育注定要有一场冲突。这点，在达尔文快要毕业时表现得越来越明显。

在达尔文中学快要毕业时，他的哥哥伊拉兹马斯对化学发生了兴趣，并在一个棚子里搞起了一个小实验室。达尔文经常帮助他，从此，达尔文成了哥哥热心的“助手”，两人开始了在这陋室里的化学研究。达尔文对化学并不是很懂，为了配合哥哥做好实验，他读了几本化学方面的书籍。当他在实践中了解到了试验方法的奥妙之后，他爱上了化学。只要有机会，兄弟俩常常会一头钻进实验室去摆弄试管烧杯做实验，有时会一直做到深夜。

达尔文给他的同学们讲了许多有趣的实验。不过，好多都是关于如何制作各种气体的。同学们看他一副神魂颠倒的样子，就在背后给他起了个绰号——“瓦斯”。达尔文知道后，不仅没有生气，还高兴了好一阵子呢！

俗话说：好事不出门，坏事传千里。达尔文做实验这件事很快就被校方知道了。布勒特校长在一次训话时，当众严厉地批评了他一顿。校长说他违反校规，不好好学习学校规定的功课，还浪费时间去做一些危险的实验。校长越说越生气，最后忍不住用一个拉丁词骂了他一句。

达尔文没有辩解，因为他知道和校长辩解是无益的。

达尔文以为这事到这里为止就算完了，没想到作为父亲老朋友的校长又把这事告诉了达尔文的父亲。父亲听了布勒特校长的话很生气，他又把达尔文训了一顿。达尔文认为这很不公平，于是他和父亲说："事情不是你想象中那样的。我没有像校长所说的那样不好好学习，我在学校里还是很认真的。在学校里，我虽然不是什么高材生，但我也不是像您所说的是低等生。"

"孩子，我让你在那里读书就是想让你多学点古典文化，让你能有知识、有涵养。这样，你在天堂的母亲也能得到安慰。"

"可是……我不喜欢那里的生活，我真的不喜欢。"

"这不是你不好好学习的借口。据我所知，你的心里只顾着捉虫、打鸟，其他的都不管。放过这些不说，你还在学校里和校长闹对立。你再这么下去，不仅害了你自己，整个家都会被你连累的。"

"可是，我真的不想再在那里待下去了，这段生活对我来说简直就是人生里的一段空白。"

"好了，从明天起，你别去上学了。我明天就给你办理停学手续。"

于是,这场风波最后以达尔文停学作为结局。父亲命他留在家里和自己一起看护病人,做自己的助手。父亲以为离开学校会使达尔文认识到问题的严重性,谁知道他的这一做法正好合了达尔文的心意。达尔文正巴不得早点离开这所束缚了自己思想和灵魂的学校。他决心要走属于自己的人生道路。

达尔文后来这样坦白过,“作为教育手段的学校对我来说纯粹是一片空白”。这是像布勒特寄宿学校那样的学校最不想从这样闻名的孩子那里所听到的话。

放弃学医

达尔文的父亲让达尔文做自己的助手其实也是有他的想法的:一来可以看着他点;二来就是在当时的社会,医生是一个很受人尊敬的职业,不仅收入高,工作还很稳定。从骨子里来讲,罗伯特医生还是希望达尔文能够子承父业的。

在达尔文去爱丁堡之前的那个夏天,罗伯特医生特意让达尔文参加自己的一些医疗活动,学着做护理病人的工作。

达尔文也确实在对病人的护理中表现出了热心和才干。他耐心地询问病人的病情,详细地记录下病人的每种症状并拿给父亲看,如父亲发现有疑问和遗漏,他会不厌其烦地反复进行查询,直到父亲能够确定病症并开出药方,他才依方配制药剂给病人服用。

当时,施鲁斯伯里许多居民患了便秘,达尔文按父亲教的,用泻药治好了他们的这种小病。还有一次,一家人不慎食物中毒,达尔文给他们灌下吐酒石,使他们把吃进肚里的东西吐出来,因而把这一家人从危险的境地挽救出来。达尔文为能减轻病人的痛苦而感到高兴。

罗伯特医生也相信达尔文能成为一名好医生，因为他看到了达尔文对病人的热情和病人对达尔文的信任。达尔文具备了做一名好医生的最基本的条件。送儿子到爱丁堡学医，罗伯特医生认为这是为儿子着想的最明智的选择。

1825 年 10 月中旬，在达尔文还只有 16 岁的时候，他便遵从家庭的传统，去了爱丁堡大学医学院，和哥哥一起在那里学习医学。爱丁堡大学是一所非常著名的大学，在苏格兰享有很高的声誉，被誉为“医学博士的摇篮”。很多海内外学子都来此求学。父亲为了达尔文能更好地学习，在资金方面一点儿都不吝啬，他为哥俩提供了充足的资金支持。

达尔文办完了入学手续，报了医学、化学、解剖学、临床课和外科学，领到了皇家医院实习证和大学图书证，满怀希望地开始了他的大学生活。

但是，达尔文对大学生活的幻想很快就破灭了，这里的教育和布勒特的教育相比并不能让他感到多少幸福与快乐。这里几乎所有课程的教授方法都是采取“填鸭式”的灌输。喜欢独立思考、思想活跃的达尔文对这种教授方式很不习惯，感到教学内容索然无味。

他最不感兴趣的是“药物学”。邓肯博士在课堂上对学生硬塞生灌，加上他那浓重的苏格兰口音，更使人不知所云。

达尔文晚年写《回忆录》谈到邓肯博士的讲课时还“不寒而栗”。

人体解剖学课程也是单调乏味，使人厌烦。那时解剖学是必修课，学生要在解剖过人体所有部分之后才允许参加第一次专业考试。可是达尔文在进了一次解剖室后就干脆拒绝再去了。解剖台上放着在福尔马林中浸泡过的尸体，散发着一股难闻的气味，使他恶心。特别是当他意识到这个无生命的肉体曾经是在爱丁堡的济贫院里度过余生的孤苦人时，就怎么也不愿上解剖台了。

他写信给父亲倾吐内心的感受说：“我禁不住要想，这些躺在台上的可怜人和我们一样地爱过人也被人爱过。他们会有如此结局，被任意切割，成为粗鲁玩笑的题材，实在无法叫人理解。”

然而他还是按时参加医学的临床实习课。在那里，他目睹了病人的种种痛苦，看到一些病人在极度的痛苦中死去。有些病人甚至死于误诊的医疗事故。这使达尔文非常忧伤。

但最使他受不了的是对病人动手术的情景。外科手术实习是医科学生必须参加的。在学校的附属医院里，达尔文经历了两次使他终生难忘的手术：不用任何麻醉药物就对病人实施剖腹和截肢。手术时只是简单地给病人灌些酒，用纱布堵住嘴，捆住手脚就开始动刀。看见病人痛苦挣扎的情形，他难过极了。两次达尔文都在中途逃离了手术室。

在手术室的这些操作经历使他对学医产生了极大的反感，他发誓再也不进手术室了，即使有任何强烈的诱惑，也决不回心转意。

他感到或许医学也不适合他。在爱丁堡待了不到两年，达尔文无可奈何地告诉父亲，不能指望他继承父业了。

说起来也怪矛盾的，医生本是治病救人的高尚职业，可年轻的达尔文却因心慈手软，不忍面对病人的痛苦而拒绝当医生。善良和仁慈，对生命所遭受痛苦的深深怜悯，似乎是达尔文与生俱来的天性。

不用说，善良、仁慈、充满爱心的达尔文，如果继续在爱丁堡大学攻读医学，肯定能成为和他父亲一样医术精湛、受人尊敬的好医生。

但爱丁堡的日子并不全都是如此糟糕。达尔文的心思远在医学之外。整个自然界的无限奥秘引诱着他。学校的功课枯燥无味如服苦役，而在校外却有着使达尔文真正感兴趣的事：同热爱科学的朋友聚会、争论；读喜爱的科学著作；进行真正的科学考察……正是在这里他开始成为一个积极的自然主义者，收集并细致地考察海洋生物。正是这一爱好成为他后来事业的动力和源泉。

这一年的9月，哥哥毕业离校了。于是学校里只剩下了无人管束的达尔文。这时的他，决心按自己的方式来生活。达尔文最爱去的就是爱丁堡大学图书馆，他在图书馆如饥似渴地吸收着自然科学、旅行游记、名人传记等各种知识，只要是他感兴趣的东西他都读。

在图书馆读书之余，达尔文常去的另一个地方就是爱丁堡大学博物馆，那里陈列着许多有趣的东西，并且他在那里结识了罗伯特·格兰特博士。

自己的生活

在爱丁堡大学的同学中间，也有像达尔文这样，对自然科学真正感到兴趣的人。他们有的研究地理，有的研究动物，有的研究植物。其中有些人，后来都成了著名的学者。

年轻的人总是不容易使自己的科学兴趣得到满足。缺乏系统的知识，不会解剖动物，没有良好的显微镜，这些都是障碍。但是钻研的热情、求知欲和在掌握知识的过程中所体验到的乐趣，更主要的是，自己独立思考的奇妙感觉，帮助他们克服了一切困难。

他们在海边采集退潮后留下的海生动物。在郊外散步时，热烈讨论看到的和读到的东西。达尔文还跟几个相熟的渔夫一起去捕捞牡蛎。

同学中有个叫葛兰特的，比达尔文大几岁，有一次他兴奋地谈起法国学者拉马克。葛兰特说，拉马克不承认自然界是一成不变的，相反，他认为植物和动物在不同的生活环境的影响下，经常起着变化。

达尔文在小时候就知道，他祖父在自己的著作里就提出过这种见解，但是那时并没有引起他这个孙儿的兴趣。

大学生们有一个科学小组——普林尼学会，经常在大学的地下室里集会。他们在那儿宣读或讨论自己关于自然科学方面的论文。

年轻人的这种集会，增强了他们对待科学的热忱，推动他们进行高尚的竞赛，并帮助他们发展科学的志趣。会员们对待他们的集会和报告都很认真。他们在报告时总是非常激动，等待着同伴们对自己的论文作出评价。

在普林尼学会里，达尔文作了一次关于他观察海生动物的报告，发表了自己的两个新发现。一个是：一向认为是一种海生动物叶肢介的卵的东西，其实是它的幼虫。另一个发现是：在英国各处海湾和北方海岸区，可以见到大量的棕色海藻，往往长到 1 米高，大部分生长在石头上。它们除了含有叶绿素以外，还含有棕色的色素。其中有一种叫墨角藻，以前一般认为它在发育初期是一种能自由浮动的球状体。但达尔文用显微镜仔细研究后，发现这些小球体根本不是藻，乃是海生吻蛭的卵衣。（这两个发现，实际上还是观察得不确切。这是因为当时的显微镜构造还较简单，无法作清晰的观察。）

对这种事情，需要有非常精细的观察力和科学工作上的独立思考，才能作出正确的分析。对公认的科学上早已解决的问题，需要有大胆的精神，才能提出新的解答。而达尔文当时只有18岁。

在爱丁堡大学的自然史博物馆里，经常可以看到达尔文。馆长是研究苏格兰鸟类的专家，达尔文时常和他谈话。达尔文从小就喜欢观察鸟类，因此，他在和馆长的有趣谈话中，能获得巨大的满足。

同时，他开始学做鸟类标本。爱丁堡有一个黑人，能做很精巧的任何鸟类的标本，达尔文就出钱请他教这门艺术。

达尔文时常出席各种科学团体的会议，往往是今天去听关于北美鸟类的生活方式的报告，明天出席地质学家关于岩石起源问题展开热烈争论的聚会。

当时在爱丁堡，有两派地质学家，始终争论不休。一派叫海王星派，他们断定一切岩石都由海洋沉积而成。另一派叫冥王星派，该派则认为岩石的起源大部分是火山喷溢的结果。有一次达尔文跟着参观团到达一个地方，那儿有明显的火山活动的痕迹，而一位海王星派的教授却一味否定，还嘲笑那些冥王星派。那时，达尔文在地质学方面已有一定的修养，他能够对学者们的争论加以分析，并指出他们的偏见。

达尔文曾经出席过一次爱丁堡皇家学会的集会，后来他谈起这件事曾说道：

“那一次的主席是华尔特·司各特，他对到会的人说，他担任这样高的职务，深感当之有愧。我望着他，心中满怀敬畏的心情，而现在我想，正是由于这次集会，同时由于我参加过皇家医学会，我对于几年前被选为这两个学会的荣誉会员，感到莫大荣幸。如果当时有人对我说，有一天我会得到这种荣誉，那我一定会哈哈大笑，等于听见别人说我会被选为英皇一样。”

甲虫趣事

1828年,达尔文听从父亲安排转学至剑桥大学基督学院,改学神学。大学的神学课程同样让达尔文打不起精神。但这时达尔文毕竟大了两岁,能够约束自己,尽力应付考试,好让爱子心切的父亲高兴。可他的大部分时间还是用来阅读自然科学书籍,结识热爱科学的朋友和到野外采集标本。

在剑桥期间,搜集昆虫成了达尔文最经常从事的活动。这时的他,搜集昆虫依然是以兴趣为主,而不是研究解剖用。他常常把新收集到的昆虫和手头的昆虫图鉴来进行比对,观察它们的外表特征是否相同。一旦发现不同,他就会记录下来。

达尔文对这些昆虫有着相当惊人的记忆力和出色的分辨力,能够非常准确地判定以前未见过的品种。一旦遇见,他是绝对不肯放过的。他在《回忆录》中还讲述了这样一个笑话。有一次,他剥开一块老树皮,看到两只少见的甲虫,于是一手捉住一只。恰在这时他又发现了更为奇异的第三只。他怕它逃走,便赶忙把右手的那只塞进嘴里。"哎呀!它排出一些极辛辣的汁液，烧得舌头好痛！我只好连忙吐出来，它就跑掉了，而第三只甲虫也没有捉到。”

达尔文对昆虫学的热情显然感染了身边的朋友们。后来成为大法官的哈伯特先生直到晚年都记得他和达尔文一起在巴茅茨的夏季，他是怎样“被迫”为“科学”工作的（当时达尔文称搜集甲虫是为了“科学”）。

哈伯特讲述道：查尔斯给了我一瓶酒精，于是我必须把我认为是最不寻常的甲虫放在这个瓶内。我相当勤勉地执行了这一任务。但是，我的分辨能力很少能使我得到奖励。通常的结果是，查尔斯看了瓶中的收集物后，无可奈何地叹道：“唉，老车比利（这是他给我起的外号），这些全不行。”

一个搜集家，如果要得到丰富的收获，他的工作是很辛苦而且复杂的。这里没有已定的收集方法可以应用。

达尔文甚至还发明了两种新的采集办法：他雇用一个工人，请他在冬天从老树皮上刮下很多青苔，把它装进大口袋内；还去收集那些堆积在货船底面上的垃圾。达尔文就从这些青苔和垃圾间翻找，收获不小呢。

达尔文采集甲虫的本领比他的朋友高得多。他注意观察，摸清甲虫的习性。他发现船底的垃圾、从地里的茅草都是甲虫藏身的安乐窝，冬天老树皮上的青苔里也是它们的聚居地，到这些地方去采集准能有收获。他珍藏的一些罕见的品种就是在这些地方搜集到的。

对采集到的甲虫，达尔文还用自己发明的一套方法给它们命名。以后的许多年他都这样做。后来人们为了表达对达尔文的怀念和尊敬，很多甲虫都沿用了达尔文的命名。

达尔文采集昆虫只是单纯地出于采集方面的爱好，他并不解剖它们，也难得把它们的外表特征去同昆虫专集图书上的描述来作比较。尽管没有什么科学上的追求，达尔文采集昆虫的工作还是进行得兴致勃勃，而且进行得也很顺利。

捕捉罕见的甲虫很不容易，而且还要善于保藏，才能经久不坏，仍像活的一样。达尔文在这方面做得很成功。达尔文在鉴定新品种方面显露出了特殊的天才，他搜集的甲虫，很受昆虫学家们的重视。

昆虫学家斯蒂芬在他的《不列颠昆虫图集》中就编入了达尔文鉴定和命名的甲虫。为此，年轻的达尔文骄傲极了，他在《回忆录》中这样描述他当时的兴奋心情：诗人看到他的第一首诗被发表出来时的快乐，绝不会比我在斯蒂芬的《不列颠昆虫图解》里看到“查尔斯·达尔文先生采集”这几个魔术性字儿的时候所感到的快乐更大。

达尔文的一个姑表兄威廉·达尔文·福克斯这时也在

剑桥大学念书，他也很爱好采集昆虫，在他的带领下，达尔文也开始研究起昆虫学来。他们十分亲热，常常聚在一起。后来，达尔文又认识了三一学院的阿尔伯特·魏伊和哈里·汤姆普森，在一起采集昆虫的过程中，他们结成了知交。后来，魏伊成为著名的考古学家，而汤姆普森则成为卓越的农学家和一条大铁路的主管人、国会议员。达尔文采集昆虫的兴趣，似乎预示了一种将来的成功！

达尔文在剑桥捕捉甲虫的往事，在他的脑海中留下了不可磨灭的印象。那些他曾经捉过甲虫的地点：路灯杆、老树下和岸滩边……像一幅幅永不褪色的照片一样，无论什么时候达尔文回忆起那些时光，它们都像最初的时候那样鲜明。达尔文还记得，那时大十字甲虫是他的珍品……

考察初探

- 讲到名望、荣誉、享乐、财富等，如果拿来和友谊的热情相比，这一切都不过是尘土而已。
- 寿命的缩短与思想的虚耗成正比。

亨斯洛的散步同伴

达尔文在《回忆录》中说：对我整个一生影响最大的一件事，就是在剑桥结识亨斯洛教授。

同亨斯洛教授之间的友谊对达尔文一生的事业都起了极其重大的影响。在他进剑桥大学以前，哥哥伊拉兹马斯就向达尔文提起过亨斯洛教授，哥哥说他是一位学识渊博的学者，对各门科学无所不知。所以，达尔文一进大学就选了亨斯洛教授的课。

亨斯洛精通好几门自然科学，讲课非常出色。在亨斯洛之前，在这些阴沉的中世纪式的讲堂里，植物学课程只能叫学生们打瞌睡。而亨斯洛讲授的植物学和实验示范，使学生们耳目一新。

亨斯洛教授是研究当地区系植物的专家，他孜孜不倦地向学生讲解各种植物和昆虫。他经常对大家说：“研究科学不能尽待在房间里，而应该到大自然中去亲自观察，这样得来的知识才会新鲜而准确。”他常常率领学生，一起到远处各地作野外考察旅行，有时步行，有时乘车，或者乘坐大船顺流而下。亨斯洛给学生们看同一种植物在不同的生存地点的样子，着重指出它怎样变异。达尔文和同学们在和蔼可亲的导师的谆谆教导下，细心地研究剑桥的区系植物。谁都能想象，这样的旅行学习一定会令人非常愉快。

有时他们到远处的森林和沼泽地里去进行周末考察。一次到甘姆林格去采集标本，达尔文逮到的在深草丛里爬行的蟾蜍最多。亨斯洛教授满意地说：“达尔文，你的眼睛真尖。”

后来达尔文逮到的蟾蜍比其他同学加起来都多了，亨斯洛就打趣他：“你打算怎么处理这么多蟾蜍，做蟾蜍馅饼吗？哈哈！”

亨斯洛教授很喜欢年轻人，喜欢帮助他们成长。每星期他都会在自己家里举行一次公开的招待会，所有爱好自然科学的大学生和几位教师时常来参加这个晚会。达尔文每星期必定按时报到。不久，达尔文就同亨斯洛教授结成知交。达尔文被视为亨斯洛家里的一员。吃完晚饭，他们俩总到乡间散步，周末还常到肥沃的沼泽地区去采集香草、草地芸香、乳欧芹、粗灌木，捉蚂蚱、萤火虫、蜘蛛、飞蛾等。

亨斯洛教授学识广博，他对植物学、昆虫学、化学、矿物学和地质学都有广泛的研究，而且他最擅长的就是根据长期积累的许多细微观察资料来做出结论。达尔文每次和他聊天都有很大的收获。而且亨斯洛教授是一个待人随和的长辈，他不会嘲笑学生的浅薄无知。

有一次，达尔文正在察看一块潮湿的板上放着的一些花粉粒时，观察到有几根花粉管伸出来了。达尔文非常高兴，以为自己得到了一个奇异的新发现，他赶快跑去向亨斯洛教授报告。其实这根本就不是什么新发现，而是众人皆知的现象。但是亨斯洛教授却对达尔文表示同感，认为花粉管发生这样的现象很有意思，他还耐心地向达尔文说明了它的意义。换作别的教授，看到学生这么急急忙忙向自己报告一个众人皆知的知识，也许早就忍不住发笑起来了。而遇到了像亨斯洛这样的教授，学生都会很放松，达尔文在向他告辞的时候，丝毫没有感到自己受到了屈辱，反而由于是自己发现了这个著名的事实而十分骄傲自豪。

不过，达尔文还是决定以后再也不要这样急冲冲地赶去报告自己的发现了。

亨斯洛教授各方面的道德品质都令人景仰。他丝毫没有一点虚荣心或其他卑劣的情感，达尔文从来没有见到过有谁能像他那样，很少考虑到自己的利益。他沉着慈祥，对学生最能循循善诱，而且彬彬有礼。亨斯洛教授对每一个学生都赤诚相待。他的学生中，有许多后来成为学者、教师等著名人物。

“他对青年自然科学工作者的态度，是最平易近人、热忱而宽厚的。我很快就跟他接近起来，”达尔文叙述道，“因为他极能赢得年轻人的信任，虽然我们对他的学识总抱有一种敬畏的心情……他在植物学、化学、矿物学和昆虫学方面，都有很高的造诣。他主要的才能，是从长期细致的考察中作出结论的艺术。”

达尔文时常陪同亨斯洛作远程的散步。散步时的谈话，在良师教导下阅读的自然科学书籍，对达尔文的学习和成长起了很大作用。因为他和亨斯洛经常在一起，朋友们就给他起了个外号，叫“亨斯洛的散步同伴”。在亨斯洛家的晚会上，达尔文时常遇到许多才学丰富的人。听他们谈论各种严肃的科学问题，达尔文感到很大的满足。

第一次地质考察

在剑桥大学的最后半年里，达尔文听从了亨斯洛教授的意见，努力研究地质学。那天他们正散着步，亨斯洛说："达尔文，你可以去读一些地质学的书。"

"先生，我在爱丁堡大学上过地质学的课程，我发现这门课程非常无聊。不过也许是因为讲授得太枯燥的缘故。"达尔文是一个懂礼貌的人。

亨斯洛说："去阅读一些地质学方面的书籍吧！我想你会有兴趣的。"

于是达尔文开始阅读地质学方面的书籍，果然，那些书籍没有让他失望。在返回施鲁斯伯里的途中，他考察了周围的好几个地区的地层断面，并且在地质图上分层涂上不同的颜色。

在这一年里，达尔文还读了洪堡的《南美旅行游记》和约翰·赫歇耳的《自然哲学研究入门》。这两本书激起了达尔文强烈的渴望，他希望自己能在建筑自然科学的宫殿方面，作出自己的一份微薄的贡献。

亨斯洛教授和塞奇威克教授是志同道合的好朋友。在他们来剑桥之前,这所大学里不许讲授科学,那时科学被认为是反宗教的。创建于12世纪的剑桥大学的培养目的只是培养神学家,剑桥镇中心的植物园也是一块无人过问的荒地,是亨斯洛教授和塞奇威克教授改变了这里的一切。1819年,他们共同创立了剑桥大学科学研究会。爱好科学的教授和学生经常在一起讨论研究自然科学问题,在他们的努力下,现在植物学和地质学的课程也成为上流社会子弟学业的一部分了。

这一年夏天,塞奇威克教授打算到北威尔士去,继续进行他的关于古代岩石的著名的地质学研究工作。亨斯洛教授请他准许达尔文跟随他一起去,他很爽快地答应了。

这次地质考察是这样安排的:塞奇威克教授首先来到蒙特山庄,第一晚住在达尔文的家里,第二天再出发。

达尔文和教授两人在蒙特山庄的花园里漫步。花园的围墙是一些多年生的草本植物,墙上爬着开花的藤蔓植物,花朵颜色多种多样,有深褐色、淡黄色、绯红色,都散发着浓郁的夏季的芳香。花园里大部分种的是三色紫罗兰,还有一小片一小片蓝色的半边莲、金鱼草和色彩缤纷的石竹。稍往前走,蓝色的飞燕草长到了4英尺高,后面是高达5英尺的蜀葵，它们仿佛是站岗的哨兵。玫瑰园是单独分开的，支架上缠着攀援蔷薇，下面长满了高矮不一的各种玫瑰。

“啊，鲜花对于英国人，就像鲸油对于爱斯基摩人一样重要。”教授感叹道，“夏天过得不错吧？”

“整个 7 月我都在拼命地攻读地质学。亨斯洛先生建议我绘制一张希罗普郡的地形图，作为入门的练习。这可不像我想的那么容易。我画了几个小区的分色略图，自己觉得还算精确，但我对附角和走向还是不太有把握。”

“画完了我来看看。只要你随身带上地质锤，坚持在山里敲打岩石样品，用不了两年你就会成为一名基本上合格的地质学者了。”教授说。

“教授，您为什么会成为地质学者呢？”达尔文问。

“你能想象到发现一条深埋在泥灰板岩里的完整鱼化石会引起你多大的激动吗？还有，调查和研究岩层会引起多么大的激动吗？譬如说，按照沉降次序去发现红泥灰岩及石膏、红砂岩、薄层石灰石、下层红泥灰岩石膏、黄色含镁石灰岩……这每一岩层是怎样沉积在那里的？每一岩层的年代有多久？上帝利用什么样的化学化合才创造出所有这些不同的矿物？搞地质的人时时刻刻都存在着对上帝的敬仰和畏惧。我认为我自己就是一个拿地质锤的骑士！”教授说起地质学来很激动，达尔文不由得也被教授的情绪感染了。

第二天，两人动身，到朗果伦、罗辛、康卫、班戈尔和卡彼尔罕立格等山区村镇去。塞奇威克教授让达尔文沿着一条平行于他亲自走过的路线的山路前进，指导他怎样采取岩石的样品，并且在地图上标明岩石的层理。

46 岁的塞奇威克教授是个穿着非常时髦的人，他即使在荒僻的山区作地质调查时，也还戴着一顶白色高礼帽，穿着一件剪裁入时的长大衣。剑桥大学的学生都说："他戴那顶白色高礼帽是为了防止猎人把他当成雄鹿，一枪打中他的眉心。"

这时，达尔文看着塞奇威克教授不禁微微笑着，他问道："教授，有没有猎人把您当成过雄鹿?"

"哈哈，一定有人对你说过什么吧。"塞奇威克教授说，"仪表是一个人除了学问以外最重要的东西啦。"

山间四处长满了大自然慷慨赠与的青草，它们从不需要人们的照顾，自己就长出来了，而且长得那么好。

教授说："在这一座座美丽的、波浪起伏的小山峰里蕴藏着某种力量，它能使人忘了心中的痛苦。"

达尔文站在英格兰景色壮丽的连绵起伏的坡地上凝视着大地："绿色是所有颜色中最宁静、最令人赏心悦目的颜色。您觉得我们能分辨出多少种浓淡不同的绿色来?"

"有一次我数了一百种,后来就没有再往下数。你说得对,绿色能解开生活中的愁结。"教授激动地说,"啊,我一有机会就去逐个攀登世界上的高山。总有一天我会爬遍所有的高山!"

"带上你的标本包,达尔文。穿过一小片地区去鉴别一下岩层,真是太容易了。我们的任务是鉴定整个一片地区,翻山越岭去追寻我们的眼睛所能看见的每一个地层。要成为一名熟练的地质观察者,就必须有了解地质环境各方面特征的能力。"教授的话音里充满了热情。

"拿出你的笔记本。我们需要准确地观察和记录数字。记住,一定要写明岩石上的植被,它能向你揭示在它下面的地层性质。一定要给标本编上号,记在本子上。你得写下明确的提示,这样,晚上你才能对你的发现写出详细的记载,并画出精确的地图,不要靠脑子去记。"

无疑,这次考察旅行对达尔文有很大的益处,它教会了达尔文很多,特别是学会了怎样去搞清楚一个地区的地质状况的方法。

日子一天天过去,达尔文的皮背囊里渐渐装满了各种岩石的样品,不过他们并没有因为寻找岩石而忘记欣赏乡村引人注目的美丽景色。

在卡彼尔罕立格,达尔文同教授分别了。教授要去核对亨斯洛教授绘制的几幅地图,他驾着马车离开了。临走前,塞奇威克教授叮嘱达尔文:“别忘了睡觉前一定要写完一天的笔记。”他又说:“我很高兴这次带你同行。说真的,你一直很有耐心。不过,反过来说,我希望我也教了你关于地质学的许多知识。等你对采集昆虫或者布道感到厌烦的时候,但愿这些知识会对你有用。”

达尔文独自用罗盘和地图确定方向,朝着巴尔默思,按照直线方向翻山越岭前进。一路上他尽量都不走山区现成的小径,因此,达尔文走了很多人迹全无的荒僻地方。达尔文对这种旅行方式感到乐趣无穷。他到巴尔默思去看了几个剑桥大学的朋友,然后又回到施鲁斯伯里,接着又到美尔村打猎。当时,达尔文还是认为要是为了研究地质学或者其他的学科,而放弃最初几天猎取沙鸡的机会,那自己真是个疯子了。

在剑桥大学求学的3年里,每到秋季他都跟往年一样,去华脱好斯村和美尔村去打猎。对达尔文来说,这也许是他一生中最幸福、快乐的日子,年轻力强,身体健康,朝气蓬勃,兴趣盎然。

远航的实现

1831年8月，亨斯洛教授获悉贝格尔舰舰长菲茨·罗伊正在寻找一名自然主义者作陪同进行第二次航行。在前一次航行中，菲茨·罗伊舰长在船长患了精神衰弱病之后被迫负责船上事物——这是在长途的探测旅行中由于管理权分离导致的。菲茨·罗伊舰长决定在他当上船长之后不再遭遇同样的命运，所以他计划带一名旅伴，这位旅伴不是船员中的一员，所以也就不受船上纪律的约束。当亨斯洛教授被要求建议一名陪同旅行的博物学家时，他知道最合适的人选便是达尔文。

该年10月17日，贝格尔舰的绘图员，同时也是一名画家的奥格斯·爱尔来伦敦告诉达尔文，说军舰将于11月4日正式起航。听到这一消息，达尔文别提有多兴奋了。他觉得那天将是他新生活诞生的一天。

11月4日，当达尔文满怀着期待来到港口时，他傻眼了。原来，贝格尔舰还停留在船坞里，工人们还在装修刷漆。这意味着起航的日子又要拖延。结果等了一个星期，直到11月11日贝格尔舰才修缮、油漆完毕。刚装修完，天气却变得坏起来,一个劲儿地刮西南风,还夹杂着阵阵暴雨。而贝格尔舰想要出航,必须得在刮东风的好天气才行。

离贝格尔舰启航的日子还有一段时间,达尔文没有直接从伦敦回施鲁斯伯里。他特地到剑桥向亨斯洛教授辞别。亨斯洛教授叮嘱达尔文,一定要作好考察记录,及时地把考察的情况和采集的标本寄给他。他要在皇家协会报告达尔文环球考察的成果。达尔文的第一本著作就是他在环球考察时寄给亨斯洛的信,经过亨斯洛教授摘要编辑后在剑桥大学给他自费出版的。

12 月 10 日,这天是个好天气。菲茨·罗伊舰长决定就在这天出航。在舰长的一系列口令下,贝格尔舰终于挪动了身子,开始驶向广阔的海洋。达尔文在船上挥别了前来送行的哥哥伊拉兹马斯,心里感到一股莫名的酸楚。船刚航行出了防波堤,天气就开始发生变化。海上的天气从来就是说变就变的。看着不断下降的气压表,舰长告诉达尔文,马上就要有一场风暴袭来。风太大,贝格尔舰不能继续前进了,必须返回港口躲避。

巨大的海浪开始一个接一个地拍打着贝格尔舰,达尔文在船上被颠来颠去,他感觉五脏都被翻了出来。达尔文跑回了自己的房间,爬上床,他感到自己的骨头快要散架了。他难受得实在不愿意再动弹一下，耳边听到的全都是狂风的呼啸、海浪的拍打和水手们的呐喊声。就这样，达尔文在船上度过了他永生难忘的航海第一夜。

经过一整夜的搏斗，直到第二天中午，贝格尔舰才艰难地返回了船坞。下船后，达尔文的头感觉晕乎乎的，心跳也加快了。达尔文怀疑自己得了心脏病，但是他又不愿意去看医生，也不愿向舰长诉说。因为他担心自己一旦说出来，舰长就不让他上船了。他只好在心里安慰自己：前途还会出现困难的，这是一定的。我得学会面对困难，要是不能战胜这许多额外的困难，就什么事情也干不成。

12 月 20 日，天气出奇的平静，月光下的海面静静的，像是一面镜子。看样子，暴风雨是不会再来打扰出航了。在这样一个明朗的夜晚，谁能想到会有大的风险出现呢？12 月 21 日，天气果然很好，红彤彤的太阳从海平面升起。一切都表明十分利于航行。上午 11 点钟，贝格尔舰正式起航。当贝格尔舰刚绕过德拉克岛作抢风行驶的时候，坏运气又开始出现了。

贝格尔舰正好遇上了子午潮，这是最低的退潮时刻。幸亏风浪很小，军舰最后只是搁浅在了一个小滩上，没有受到损伤。经过大家的努力，军舰才摆脱了搁浅的情况，开始驶回海面。这时,风向又开始发生转变,风也大了起来,一阵阵的颠簸使得达尔文又感到头晕起来。

达尔文忙下到舰长室里,在那里一直昏睡了 4 个小时。从舰长室出来后,风还是很大,达尔文觉得身体还是不舒服,就回到了自己房间里的吊床上。这一觉睡到了天亮。当天刚刚发亮的时候,达尔文把袖珍罗盘拿出来一看,他感觉很纳闷,因为罗盘所指的方向并不是军舰所要航行的方向,而是相反的方向。达尔文心里隐隐约约有个感觉:他们又在往回行驶了。

这时,一个水手进来通知达尔文马上要到普利茅斯湾了。达尔文心想果然没错。他问水手为什么要回去,水手的解释让他消除了疑惑。原来,就在他昏睡的那天晚上,风一直很大,而且风向还是不利于航行。贝格尔舰一旦出航,就会遇到凶险。出航不顺,返航时却是相当的顺利,借着风力,他们很快就回到了港口,这第二次出航又失败了。

12 月 25 日,达尔文在远离家乡的普利茅斯和海军官兵们度过了一个难忘的圣诞节。说它难忘,是因为达尔文怎么也想不到自己的第一次出航竟然如此不顺。为了不让自己想更多,他和水兵们尽情地饮酒作乐,然后昏昏睡去。

12 月 27 日,也许是圣诞老人的到来给他们带来了好运，大家盼望已久的东风终于刮起来了。中午11点，贝格尔舰正式出航。这次，它没有再掉头返航，而是真正地起航了。

贝格尔舰为绘制美洲南海岸和南海诸岛的地形图而出发了。达尔文计划在他的旅行中主要考察地质，很大程度上，他也是这样做的。但是在那时他所认为的比较次要的一些工作却将对他以后的思想产生主要的影响。

环球航行

- 完成工作的方法是爱惜每一分钟。
- 不要因为长期埋头科学而失去对生活、对美、对诗意的感受能力。

贝格尔舰上的航海生活

贝格尔舰的环球航行终于开始了，达尔文新的科学生命也将随之诞生。但在这新生命诞生之前，他必须学着如何适应舰上的生活，如何适应脾气多变的大海。

贝格尔舰的正式成员，除了舰长菲茨·罗伊和达尔文外，还有副舰长、副官、随船军医、秘书、绘图员、美术家和35名水手、8名水兵、2名海军实习生、6名侍从。除了本船船员，船上还有舰长菲茨·罗伊上一次旅行时带回的三个火地岛人和传教士，他们也要乘坐贝格尔舰一同航行，路过火地岛时，会把他们放下去。

贝格尔舰驶出普利茅斯湾后驶进了巨浪滚滚的比斯开湾。这里距离普利茅斯约400英里，风力很强，浪花也大，贝格尔舰在海浪中上下颠簸地向前行驶着。达尔文再一次晕船了。他感到头疼得非常厉害，胃里就像被人用棍子搅动一样，弄得他直想吐。一旦感觉支撑不住，达尔文就会用毛巾捂住嘴，迅速地跑到位于尾仓外面的厕所。吐了两次后，达尔文的胃里就没有什么东西可吐了。但他还是很难受,还是很想吐,吐不出来就只能干呕。干呕其实更难受,几天下来,达尔文像变了个人似的,什么也不想吃,只能吃几块饼干充饥。

同舱的人告诉他,第一次出航的人,一般都会受这种罪。只要撑过了这一段时间,就会没事的。达尔文苦笑着说:“我原以为自己能受得了海上生活,没想到和我想的完全不一样。我的胃实在受不了这种呕吐了,要是我能有个不晕船的胃就好了。”同舱的人告诉他晕船不要紧,即使是经验老到的船员们也不是像在自己家里一样那么舒服的,他们也是很难受的。毕竟,航海并不是所有人都能承受的。

第二天,风势开始减弱,船也不怎么摇荡了。达尔文也能从吊床上爬下来出来看看了,虽然他走路还是一晃一晃的。

他来到了舰长室,舰长笑着和他打招呼并询问他的身体情况。达尔文不敢把实情告诉舰长,因为他生怕舰长把他赶下船去。他告诉舰长自己还行,就是有点恶心。

舰长告诉他先休息一下,等稍微好点,就带他去看海景。达尔文听到这个消息很兴奋,他请求舰长和他一起吃过茶点后,带他去甲板上看海景。下午,达尔文的心愿实现了。

大海的确是一个神奇而又调皮的精灵,乖的时候,它可以轻摇着军舰催你入睡;狂的时候,它能撕裂船体,置人于死地。

眼前的海水,无边无际,蓝得出奇。浪花在船后兴奋地跳跃着,雪白雪白的。在船上向下可以看到海豚在舰旁游过,向上可以看到海燕在天空自在飞翔。

在贝格尔舰上,每个月都有一个星期天做礼拜。这天前的星期六晚上,大伙把全舰都擦得干干净净,准备在第二天朝拜上帝。水手们常年生活在海上,安全没有保障,所以他们都虔诚地信奉上帝,祈求上帝保佑他们航海平安。

做礼拜是个庄严的时刻。水手们都换上干净的衣服,军官们穿着礼服,达尔文也穿上他社交时的服装。大家按级别在一张桌子的正面和两边排好队,桌上放着一本礼拜仪式上用的大厚本《圣经》,由菲茨·罗伊和船员沙利文轮流朗读。那情景,比达尔文在教堂里看到的还要庄严、肃穆。

经过一段时间的航行,达尔文开始逐渐适应海上的生活。他对自己说:“我要开始工作了。”

在船员的帮助下,达尔文用毛纺布做了一张小拖网,他每天从船尾放下网,让船拖着网在大西洋里前进。船航行一段以后,再将网拉上来,他就可以捞到不少海洋生物。

他每次都把捞到的东西倒在一块旧帆布上,以免弄脏了后甲板。达尔文捕获得最多的海洋生物是水母，当然，也有些极小的甲壳类动物，还有许多海洋浮游生物。一次，他拿起一只喷水海鞘观察，冷不防被海鞘喷了一脸水，引得周围看热闹的船员哈哈大笑。

达尔文将捞来的东西分好类，一一放进小玻璃瓶里，倒上亨斯洛教授教他配制的防腐剂。他在瓶上逐一贴好标签并写明标本发现的地点，然后把每个瓶子的编号记录下来。

后来，达尔文得到了和绘图员斯托克斯共用一张桌子的许可。达尔文只要一采回标本，就哗啦一下把它们都倒在绘图桌上，这时，斯托克斯总会嚷起来："达尔文，赶快把这些黏糊糊的东西从我的半边桌子上挪开。"

夜已经很深了，斯托克斯一觉醒来，看见达尔文还在灯下忙碌地往瓶子上贴标签。

"达尔文，你的那些东西还没有摆弄完啊？快睡吧！明天还有事呢。"

"哦，好的。我快弄完了。今天不赶着弄好，以后多了，混淆了就麻烦了。"

达尔文对自己说："我不能白白放过这次航海机会，一定要抓住一切时间学习。"摆在他面前的是一个太过奇妙的世界，他一定要好好利用这段时间。

不平静的航程

贝格尔舰向南方航行的航程是不平静的。达尔文又晕船了，不过，艰苦卓绝的海上旅行已经把他磨炼得非常坚强，同时他的适应能力也大大增强，成了一个名副其实的“水手”了。

但是天公好像和贝格尔舰作对似的，不是刮风就是下雨。一天傍晚，贝格尔舰遭遇到航行以来最大的一次狂风。船员们为了防止发生意外，被迫放下了船帆，贝格尔舰在大海的波涛中起伏摇晃。

“这样下去，船会被风浪打翻的。”达尔文担心地对身旁的舰长说。

“是的，这么大的风暴，我也没有遇见过。不过，我们能顶得住的。根据我的经验，这鬼天气不会持续太久，至于我们能不能闯过这一关，就得看运气了。”舰长答道。

狂风掀起的海浪一次又一次地打上甲板，一些船舱进了水，可船员们处乱不惊、镇静异常，他们打舵的打舵，排水的排水，都坚守着各自的岗位。

第二天早上，狂风终于停息了。贝格尔舰再次扬起了风帆，达尔文和一些船员们兴奋地来到甲板上。这时，在船尾可以看到非常有趣的场面，一群小黑鲸和虎鲸游了过来，紧紧尾随着贝格尔舰。达尔文目测了一下这些鲸鱼的长度，问周围的船员：“你们谁能说出这些鲸鱼的长度?”“我看最长的 10 米都不止。”一个船员说。“不，它们顶多不过 4 米左右。”另一个船员反驳道。“依我看，它们小的有 2 米到 3 米，大的得有 5 米到 6 米。”达尔文说。

说话间，一些鲸鱼露出了圆圆的脑袋，有的还探出高高的脊鳍，还有的在喷水，弄得浪花四溅，一派劈波斩浪的气势，非常壮观。“那是什么?”不知是谁指着鲸鱼后面那些时隐时现的动物惊奇地叫了起来。“噢，那是海豹，对，还有企鹅呢!”达尔文说。

然而，这种快乐的时光才过了半天，就被一场突如其来的瓢泼大雨破坏了。狂风暴雨的天气一直持续到贝格尔舰到达蒙得维的亚海湾。

蒙得维的亚海湾的海水在刚刚经历过惊涛骇浪的人们的眼中，简直跟小河的流水一样平静。船刚刚停泊，达尔文就赶紧上岸，了解当地的情况，采集动物和植物标本。他登上蒙得维的亚城旁边的一座小山，放眼望去，看到一片一望无际的草原，一群群牛羊散成满天星的形状，在草原上觅食。

达尔文高兴地跑下山，投入大草原的怀抱。在这里，他第一次看到了美洲的鸵鸟，这些鸟一点儿也不怕人，他对鸵鸟进行了仔细的观察。第二天，达尔文在蒙得维的亚郊区打死了一只巨大的水豚，这只啮齿动物足足有 45 公斤重。他还捕获了一些美丽的蛇和蜥蜴，收集了许多他喜爱的昆虫。

贝格尔舰经过维修，又补充了淡水和食物，于 1832 年 11 月 27 日离开蒙得维的亚，向 400 多公里外的火地岛驶去。

火地岛

1832年12月17日，贝格尔舰停泊在火地岛港口。附近的山上，到处都是篝火的一缕缕蓝蒙蒙的烟。到晚上，只见一处处火光闪烁。火地岛人就是用这火光来互相通知有外国人来了。由于这种常燃烽火的风俗，所以这里就叫“火地岛”。

达尔文头一眼看来，火地岛就和他以前所见到的一切地方迥然不同。他只觉得，长满树林的群山都是从水边直耸而上，海岸都是悬崖绝壁，到处都有湍急的山涧和瀑布，很难找到一小块平坦的土地。这里典型的景色是：连绵起伏的山脉，斑斑驳驳的积雪，浅黄带绿色的峡谷和海的无数支流。

在海拔1000～1500英尺以下，都是树林，在这高度以上，地面就转变为泥炭土壤带，长着细小的高山植物，再上去则是常年积雪的地带。树林是单调一色的：碰到的只有山毛榉属和木兰科植物。

整个景色都染着一种带有黄色的特别色泽。“这儿的气候，经常刮风，经常下雨，冰雹和湿雪，连空气也好像比别处更为阴暗。”达尔文写道。

“到处是阴沉沉的。……太阳光难得能使景象显出生气。峡谷里满是腐烂的树木，要踏着这些树干走过去，非常困难。深深的山沟里死一般寂静。上面是狂风怒号，而山沟里，即使最高的树木，树枝也是安静不动。”

“在一小时里，我沿着凹凸不平的岩石河岸缓步前进，展开在我面前的宏伟景色，使我的辛苦得到了充分的补偿。沟壑又暗又深，这和到处可以看出的强烈地震的痕迹是完全符合的。到处都散布着形状不规则的岩块和一堆堆掀倒的树木；还有一些树虽然还直立着，但已经枯到树心，随时都会倒下。这种死的和活的植物交织而成的群体，使我想起热带森林，”达尔文写道，“可是这两者之间有个重要的差别，因为在这静寂的荒地里，死气比生气更占上风。……这里群山重叠，山间溪谷深邃，山上覆盖着浓密、阴暗的丛林，不能不承认，这景色自有一种神秘的雄伟之气。”

火地岛的区系动物是很贫乏的。

在比较干燥的东部，有蝙蝠、狐狸、羊驼、鹿等动物。在阴暗的树林里，鸟类不多。爬行纲动物完全没有。甲虫、蝴蝶、苍蝇和蜜蜂也很少。

但海洋里的生物却特别丰富。

首先，这里海藻非常茂盛。海藻固着在海边礁石和峭壁表面上，形成各种茂密而有弹性的垫子，常常可以挽救船只触礁撞碎的危险命运。这种海藻的密丛，犹如天然的防波堤。达尔文看见那些巨大的海浪，翻滚一层层海藻，才渐渐减弱而化为乌有。

海藻丛上面有许多水螅密集成的结构物。如果抖动这种海藻丛的一部分，就会有一簇簇东西落下来：小鱼、各种软体动物、乌贼、各式各样的螃蟹、星鱼和其他动物。

各种鱼类在海藻里都能找得栖息之所和食物。而鱼儿却是栖息在这水里的白鹭、水獭、海豹、海豚的食品。“这些水草里，哪怕只是其中一层上的居住者，就可以写一部大书呢。”达尔文在他的《考察日记》里这样写道。

如果由于某种原因，这些水下森林一旦消灭的话，那么无数种动物也会随着它同归于尽了。引起达尔文兴趣的，不仅是这种茂盛的海藻本身，还有海藻和栖息在海藻密丛里的动物之间的关系。

各种生物之间的相互关系，它们对于周围环境的依赖性，开始越来越强烈地引起了达尔文的注意。火地岛的景象，有力地证明达尔文关于生物相互之间和生物对无生物界的依赖性的思想。

火地岛的阴沉而单调的植物，使达尔文不得不把它和严酷的气候联系起来；树干的弯曲的形状，也向他说明了这里狂风的力量。

深谷里没有蘑菇、青苔和蕨类，这说明了气候的寒冷和潮湿。而区系动物之所以贫乏，毫无疑问是和植物缺少有关的。

“天堂里的山谷”

1834年5月，贝格尔舰第二次进入麦哲伦海峡。6月8日，拔锚开船，循着狭窄的河流驶向太平洋。

一个多月后，7月23日，贝格尔舰抵达智利的主要海港瓦尔帕莱索。这个地名，原来的意思就是“天堂里的山谷”，风景非常优美。从阴郁、严峻的火地岛来到这里，蔚蓝的天空，灼热的阳光，白色的城市和一片鲜明的屋顶，以及远处安第斯山脉连绵起伏的轮廓，只让人觉得神清气爽。

这里每天都是晴朗的天气，这倒也令久经海上风浪的达尔文很难一下子就习惯了。“气候对于一个人的情绪，会起多么奇怪的作用啊！一方面看到那乌云半遮的幽暗山峦，而另一方面看到白日照耀、轻雾弥漫的青山，这两种景色所引起的感觉是多么相反啊！前面的景色有时显得很雄伟，但后面一种景色却给人一种愉快、幸福的感觉。”达尔文写道。

智利是安第斯山脉和太平洋之间的一条狭长地带，这条地带又被几条与主脉平行的山脉所分开。几个最大的城市就位于这些山脉中间的盆地里。

达尔文时常到郊外去爬山，观赏太阳落山的奇景。那时刻，山谷里已经黑暗，而积雪的安第斯山脉顶上，晚霞映射，还是一片绯红。

一年中有九个月，这儿完全没有雨。落下的雨很快就蒸发掉，所以只有谷地里有些大树，平原上都是灌木丛和青草。

南面山坡上，覆盖着巨大的森林。干燥的地方，特别是满是碎石子的山坡上，有各种各样的仙人球或仙人掌。有的形成有刺的一球，突出在石块中间，有的长到 12 ~ 15 英尺高，有的像蛇一样沿着地面蜿蜒伸去。

沿海山麓下，有许多贝壳和腐烂的海藻青苔，这说明海岸是从海的深处升起来的。

达尔文在向导陪伴下，乘马爬上 6400 英尺高的康帕那山。他发现北坡和南坡的植物差别很大。北坡尽是低矮的灌木，南坡却长着竹子，高达 15 英尺，还有棕榈树。

在一个湖里，达尔文还看见一些浮岛。这些岛通常都是圆形，约 4 ~ 6 英尺厚，岛身大部分浸在水里。这种浮岛其实是由许多枯树连成一块而形成，树的表面上还生长着别的植物。这些岛时常被风从湖泊的一角吹到另一角去。

达尔文在这儿还看见许多关于动物的习性和生活的有趣事情。在干燥荒凉山丘上的灌木丛里，他看见一种燕科的鸟，模样很滑稽，智利人叫它“土耳其鸟”。这种鸟总是笔直地翘起尾巴，急速地挪动着像高跷似的长腿，一跳一纵地从一个土丘跑到另一个土丘。达尔文取笑说：“这只做得很丑陋的标本，不知从什么博物馆里溜了出来，复活了。”当地人告诉他，这种鸟的巢筑在很深的地洞里。

这里还有另一种模样的燕科鸟类，智利人叫它“塔巴科洛鸟”，意思是“遮住后背”，因为这种鸟总是把尾巴弯到背上。塔巴科洛鸟急速地从一棵灌木跳到另一棵灌木，时时发出各种不同的声音，有时像鸽子的咕咕声，有时像流水的潺潺声。达尔文总是很细心地倾听它们那种音调丰富的奇妙鸣声。

这些燕科鸟类，和英国的同科鸟类竟有这么大的差别！“物种真是何等的多啊！同一个科，在不同的纬度，样子就多么的不同！”达尔文想道。

在南美洲西海岸，从炎热干燥的利马地区，一直到火地岛的森林，达尔文都看见许多小的蜂鸟。这种鸟小巧玲珑，逗人喜爱，羽毛亮晶晶犹如宝石一般。它们在花朵上飞来飞去。“它在花朵上飞舞时，尾巴不断一张一合，就像扇子似的，这时候它的身体在空中几乎是直立的。”

这种鸟吃什么东西——昆虫呢，还是花蜜？这问题引起达尔文的兴趣。他剖开了好几只蜂鸟，在它们胃里找到很多昆虫的肢体，显然，它们觉得昆虫比蜜糖更有滋味。

达尔文继续考察智利的自然界。这里的自然风景让他沉醉。

航海中的危险际遇

- 我之所以能在科学上成功,最重要的一点就是对科学的热爱,坚持长期探索。
- 我必须承认,幸运喜欢照顾勇敢的人。

火山爆发和地震

1834年1月19日夜里，达尔文亲眼看到了奥索尔诺火山的大爆发。后来又听说，这天夜里还有两座火山也爆发了。这三座火山属于同一条山脉。达尔文认为，它们之间在地下一定有着联系。如果注意到那些沿着东海岸的广大平原和西海岸2000多英里长的新近上升的地层，就可以知道这个假设是完全可能的。不满一个月之后，达尔文又亲眼看到了地震所造成的巨大破坏。

这次地震是突然发生的。达尔文正在海边的树林里休息，土地忽然活动起来，他立刻跳起来，只感到头晕，站不住脚。树木像在大风中似地摇晃。海里掀起大浪，向岸上直卷过来。岸上的一切都被海浪冲去。海水像沸腾一般，发出一股强烈的硫磺气味。

两个城市完全化为废墟。地震一直传播到很远的内陆，地面上尽是裂缝，到处是一个个深渊，山岩都崩塌下来。一连12天中，又发生许多次微弱的震动。

达尔文注意到，海岸由于地震的结果，地面上升了2～3

英尺，而有些岛升高得还要多。不久前居民要钻到海底才能捞取贝壳，现在在离地面几英尺高的岩石上，到处都可以拾到。

这种由地震引起的陆地上升现象，达尔文曾经不止一次观察到，然而他还是认为，使地形发生改变的并不是这些原因。在旅行的三年中，达尔文仔细地研读了英国地质学家莱尔的《地质学原理》一书。莱尔在他的著作中讲到，在各种起着作用的力量——水、风力、温度变化的影响下，陆地在逐渐地改变面貌，达尔文一直深信这一观点正确无疑。

地质学家们都知道，矿层往往都是弯弯曲曲、高低不平的。为什么呢？是什么力量足以使矿层抬高，发生弯曲，甚至竖直呢？是一种什么强力造成那些巨大的隘谷、裂缝呢？是什么大力把凝结成大块玄武石和花岗石的熔岩抛到地面上来的呢？

在莱尔之前，地质学者们认为，在古代，地球上曾发生过几次巨大的地质灾变。但在现代，却并没有力量足以引发这种灾难。海洋山岳、动物植物，好像都是一次形成的。现在，在水、风力、温度变化——这些“微弱”力量的作用下，只发生一些隐约可觉的变化。

莱尔却为这些“微弱”力量辩护。他断定说，风、雨、河流、溪川、陆地的缓慢升降、温度变动、动植物的作用——这些才是地壳变化的真正因素，而根本没有什么大灾难。

莱尔研究了那些沿坡而下的小河，并察看了被河水冲刷的大片地区。被解冻的水冲刷的土，有很多都流到了河口。这位科学家，听着单调的水流声，想到海浪冲击海岸的力量。落潮时海水把石块卷走，涨潮时又送回岸边，同时把石块磨成卵石，把卵石磨成石砾，最后磨成沙子。

这种“微弱”力量的不断作用，进行了无穷无尽的年代，现在也在进行，将来还将继续进行。经历千万年时间，这种力量就产生了巨大的结果，使地球的面貌发生很大的变化。

达尔文最后写道：“我觉得离开英国后这是我见到过的最吸引人的景象，我曾在莱尔的书里读到过地质构造运动，但这是第一次亲眼看见。在我看来，地震和火山是支配地球的最伟大力量的组成部分。”

面对威胁，达尔文没有想到自身的安危，而是对于自然界这些神奇的力量充满了崇敬之情。

龟鳖群岛

这个群岛叫龟鳖群岛，是16世纪西班牙人提出来的，因为他们看见这里有大量的大龟，重的有180公斤，觉得很是奇怪，就这样称呼它。

龟鳖群岛——加拉帕戈斯群岛，在美洲海岸以西500~600英里的地方，就在赤道上。群岛由10个主要岛屿组成。这些岛屿全部都是火山岩所形成的，岛的顶上和山坡上都有许多火山口（全部群岛上至少有2000个火山口）。岩石都是火山的熔岩——多孔而坚硬的火山喷溢的产物，或者是凝灰岩——粘固的火山灰烬。

达尔文上岸的查塔姆岛，是一片黑色玄武岩的原野，地势起伏像波浪，到处都是巨大的裂缝。这里和别的岛上都只生长低矮瘦弱的灌木，几乎没有树叶，只有在大雨季节之后，在一个短时期内，才有一些青绿。

只见许多大龟，大多重150公斤以上；有一些特别大的，要七、八个人才能把它们从地面上抬起来。这些龟非常喜爱水，饮用大量的水。从泉源到海边，四面八方都有被龟爬出来的宽阔道路。达尔文说:“我竟想象不到动物为什么会这样很有规则地沿着这些选定的道路前进。在靠近泉源的地方,可以看到一幅非常有趣的图景:有很多这些动物,一队正在急匆匆地伸长了头颈向前爬行,另一队已经喝饱了水向着回头路走。”这些大龟走到水源跟前,不管旁边有没有人在看,就把头埋在水里,一连喝上几十口。

水贮存在它们的心囊和膀胱里。当地居民遇到口渴难熬的时候,就像沙漠里的人杀骆驼取水一样,杀死一只陆龟,喝掉它存在心囊和膀胱里的液体。

这些大动物在地上慢慢地、懒洋洋地爬着,咬着仙人掌的茎,缓缓地咀嚼。一见敌人就发出很响的吱吱声,把头和脚缩进甲壳。达尔文时常跳到大龟背上,乘着它走一段路,觉得很是有趣。

在海边的岩石上,他看见许多巨大的蜥蜴在晒太阳,大多有3~4英尺长,脚爪上有蹼,尾巴的两侧很扁。它们在高低不平的岩石上用脚爪钩住,爬行非常灵活。在水里时,它们摆动全身和尾巴,游泳也很出色,但游泳时四脚伸开,一动不动。达尔文在这些爬行动物的胃里,找到嚼得很细的海藻。

这儿除了海栖的蜥蜴以外,还有许多陆栖蜥蜴,尾巴很

粗，爪上无蹼。它们都钻在岩石间的洞里。达尔文在这些蜥蜴的胃里找到一些树叶，主要是金合欢的叶子。这些树叶是它们直接爬到树上去吃到的。

这个群岛上的动物界和植物界，都有它们独特的模式，这一点引起达尔文极大的兴趣。

这里有很多在大陆上并未遇到过的动植物物种，但和美洲的物种却很相像。更使达尔文惊讶的是，各个岛上的生物却又是那么的各不相同。

“我真想不到，这些岛屿，相隔只有五、六十英里，隔海相望，由同样的岩石构成，气候相同，高度相同，而它们的栖居者竟有如此大的差异……”

达尔文收集了25种鸟类的代表，都是别处从未见过的。特别有趣的是雀类，这里有13种。达尔文比较了它们的嘴、尾巴、体形和羽毛，他得到一个结论：这13个种，都是由一个种的祖先演变来的。

由于群岛人烟稀少，这些鸟类都不怕人。达尔文说：“有一回，我躺在地上，手里拿着一碗水（碗是龟壳做的），这时飞来一只反舌鸫，在碗边上一蹲，非常安详地喝起水来。它蹲在碗上，我把碗从地上端起来也不飞走……它们都离得非常近，可以用鞭子把它们打死，有时候还可以用帽子盖住。

枪在这儿几乎是多余的:有一次我用枪口把一只蹲在树枝上的猛禽一下砸死。”

达尔文终于确信,鸟类对人类所表现出的“野性”,是从许多代以来,作为防卫侵犯而养成的。

达尔文在这里捕得15种海鱼,是只有当地才有的;当地的软体动物种类也有很多。在185种显花植物里,有100种只为当地所特有。也有各种从美洲来的“移民”。“可是这并不奇怪,”达尔文说,“占压倒多数的动物和植物的种是当地的。同时,它们和智利北部的巴塔哥尼亚的动物和植物,非常相像。”

疑问是,加拉帕戈斯群岛在气候和物质条件上,很像佛得角群岛,而它们的栖居者之间却有那么大的差别:佛得角群岛的动物和植物,都有非洲区系的痕迹;而加拉帕戈斯群岛的动物和植物,却有美洲区系的痕迹。

至于各个岛上又有各自的鸟类、爬行动物的种,有各自的植物的种,这又怎么解释呢?难道上帝为各个岛创造各个种吗?

加拉帕戈斯群岛形成于好几千万年以前,那时这个区域的海底开始上升。火山从水里伸出,形成岛屿。这些地方怎样开始有动物与植物的呢?——这位年轻的自然科学家向自己提出了这个问题。

这时，对他来说最简单的假设是，上帝创造了并且保存了加拉帕戈斯群岛的种。但是为什么上帝又带来了美洲的种呢？

达尔文假设，动物和植物通过不同的路径和方法来到加拉帕戈斯群岛。他想，在各个岛上，它们大概是独立地发展起来的。加拉帕戈斯群岛上的许多发现，在很多方面动摇了他关于上帝创造世界的宗教概念。

早在 1832 年 9 月，达尔文在巴伊亚布兰卡附近发现已绝种的哺乳动物的骨化石时，他就开始对这“秘密中的秘密”——地球上新的物种第一次出现这个问题加以思索了。从那时候起，他的思索就随着继续前进的旅行而不断发展起来，这使他陷入极大的激动和惶惑。因为，在旅行中他亲眼观察到的许多事实都是和宗教教义相反的，但达尔文是个正直的科学家，不能因此不去探求其中的真理。而在 1835 年 9 月至 10 月间，就在他旅行到加拉帕戈斯群岛的时候，这种惶惑可以说达到了顶点。

塔希提岛

1835年10月20日,贝格尔舰来到塔希提岛。

塔希提岛上,森林密密茂茂。香蕉树、椰子树、橙子树、面包树——这些长着挡住阳光和雨水的阔叶的巨人,到处都是。到处有多汁的植物,有的果实和根都可以吃。

达尔文特别注意香蕉树,因为塔希提岛人可以在几分钟里,筑成很出色的小屋,就是用一条条树皮当绳子,竹竿做屋架,巨大的香蕉叶子做屋顶。他们还能用干枯的香蕉树叶做柔软的床铺,以及晚餐时的桌布。

晚餐,塔希提岛人是做馅饼吃的。他们用香蕉树叶当面团;馅子是用小块的牛肉、鱼肉、香蕉、芋艿做成的。一个个绿色的饼放在两排预先在火堆上烘热的石头中间,再用泥土封住,这样可以没有烟和水蒸气冒出来。过了一刻钟,出色的馅饼全部烘好了。盛在椰子壳里的清凉溪水,是最好不过的晚餐饮料。塔希提岛人都是出色的厨师。他们做的早餐和晚餐,真是鲜美无比。

贝格尔舰的海员们依依不舍地离开了塔希提岛。从这里出发，他们到了新西兰。

贝格尔舰在新西兰只停留一个星期，舰上的人都很高兴离开这个外表就很不讨人喜欢的地方。

当地居民的生活条件非常不好，住的屋子很像牛栏。

达尔文一直记得新西兰人一种滑稽的见面礼节——碰鼻子。见到客人时，新西兰人就盘膝坐下，把脸抬起。客人就依次走到各人面前，把自己的鼻子贴在他们的鼻子上，鼻梁互成直角，同时两方面都发出哼哼声。

新西兰人的脸上没有塔希提岛人脸上那种和善的神情。达尔文说，新西兰人的脸相之所以不讨人喜欢，是因为那种特别的刺花，把皮肤和脸都损坏了。但是，当达尔文看见有些新西兰人耕种的田野，长着桃树、杏树、无花果树、梨树的花园时，他对新西兰人的看法马上改变了，觉得他们都是心地和善、心情愉快、态度温和的庄稼人。

别了，澳大利亚

远航以来的第五个圣诞节快要到了，一帆风顺的贝格尔舰经过25天的航行，已经看见了他们盼望已久的陆地——新西兰。他们在安全的群岛湾下了锚，下船前，达尔文用望远镜朝岸上望去，发现了几个朝这边走过来的土著人的身影，等他们走近了才看清楚，他们的脸上刺满了黑色的螺纹、曲线和圆圈，前额上画着一条条横道道，从下巴到鼻子还画了许多花道道。

达尔文攀着陡峭的阶梯上了岸，后来他听说，这些阶梯是毛利人过去活动的遗迹，是他们修工事时建造的。他们是世界上最勇猛的部落，但在很长一段时间里，他们的勇猛都用来自相残杀了，这妨碍了他们的发展。

新西兰是一个岛国，丘陵不高，却层层相叠。这里有许多延伸到陆地深处的港湾，海岸边是一望无际的草原。在这里度过了圣诞节之后，贝格尔舰又做好了起航前的准备。

达尔文在新西兰没有得到多少博物学上的收获，但却在他的头脑中积累起一些人类学的知识，为他后来形成自己的

人类学理论带来了很大的帮助。

1836 年 1 月 12 日，贝格尔舰到达澳大利亚的首都悉尼，悉尼是一个美丽的港口，停泊着许多大型的船只，岸上堆满了各种各样的货箱。

像到任何一个地方一样，达尔文一上岸就开始筹备到澳大利亚内地去旅行。他雇了一个人和两匹马，深入到一个离海边将近 200 公里的牧场。在这里，他见到了几个土著黑人，奇怪的是他们每个人的肩上都扛着一捆矛，而且他们都能讲几句英语。

达尔文问其中的一个黑人：“你们带那么多矛是干什么用的？”

“是做投掷表演用的。”这个黑人回答道。

“那你能为我表演一下吗？”

“当然可以，不过，如果我能准确地用矛击中目标，你得付钱给我。”

“当然，你击中一个目标要多少钱？”

“一个先令就足够了，先生。”

这个黑人说完，立即示意达尔文把头上的帽子摘下来，他敏捷地把帽子抛到 20 多米远的地方。然后，他们几个人都手持长矛，按次序把矛掷向这顶帽子，结果全部击中了目标。

达尔文为他们的精彩表演热情鼓掌,心想:他们大概就是用这种办法去打猎的。他马上拿出一枚银币,递给领头的那个黑人。这个黑人高兴地招呼着自己的伙伴:“喂,咱们有钱了,去饱餐一顿吧!”

几天以后,热情好客的牧场主人招待达尔文吃晚饭。达尔文边吃边向主人讲述着几天来见到的新鲜事。牧场主人从达尔文说起动物时的语气和神态,看出他是个“动物迷”,于是对他说:“我明天正好要去打猎呢,您要是有兴趣,就去给我们助助阵吧!”

“那可太好了!听说这里的袋鼠多极了,能让我捕一只带回英国吗?”达尔文高兴得连忙问道。

“当然可以!您尽管去捕就是了。万一您捕不到,我们也会帮助您捕一只的。”

第二天,天还没亮,达尔文就醒了。他兴致勃勃地和牧场主人一起去打猎。他们东寻西找忙活了大半天,结果连袋鼠的影子也没见到。

“奇怪呀!平时这东西窜来窜去的,随时随地都可以见到,今天怎么一只也见不到了。”牧场主人因为昨天晚上向达尔文夸下海口,感到有些难为情。

“这和您没什么关系，袋鼠不出现，谁也没有办法，我们过两天再看看。”达尔文心里也很失望，却又不得不反过来安慰牧场主人。

后来，牧场主人对达尔文讲了袋鼠减少的原因：“英国人带来了猎狗，不但吓跑了袋鼠，还吓跑了食火鸡呢。现在，有人居住的地方，那些野生动物就纷纷逃避了。”

“真可惜，真可惜。可如果人们不去大量地捕杀它们，我想它们不会跑得无影无踪的。”达尔文抱怨说。

可是过了两天、三天、六天、七天，一晃十天过去了，还是不见袋鼠的踪影，达尔文只得自认倒霉。不过，他没有得到袋鼠的遗憾，却从别的收获中得到了一点补偿。

除了袋鼠外，澳大利亚还有许多奇特的动物，比如鸭嘴兽、树袋熊、袋狼等，它们差不多都是其他大陆根本见不到的动物。

一天黄昏，达尔文在一条小河边散步，见到几只正在水中玩耍的鸭嘴兽。他捕获了一只，把它制成标本。他一边制作，一边对这种罕见的卵生哺乳动物发出了感叹：“一个什么宗教都不信的人，怎么解释这种现象呢？他们大概会说它来自另一个世界！”

这里的气温受热带沙漠的影响，白天日光下的温度可以达到摄氏40多度。这一天，好不容易熬到了天黑，达尔文独自来到一处水塘边，躺在那儿，静静地思考澳大利亚动物不同于其他地区动物的原因……

“这究竟是为什么？要是碰上一个只相信自己的人，他一定会说：‘这肯定是两个不同的造物主干的。’不，地质学家是不会这么看的，他们会说：‘这是由于造物的阶段不同，各个阶段之间相隔了很久的缘故！’”

重要的是，在澳大利亚，达尔文还注意到一种“反常”现象，成为绝大多数动物与其他大陆不同的一个“特例”。这里的蚁狮除了个子稍小外，从形态到生活习性，都和欧洲的蚁狮十分相似。一次散步时，他发现了一个深坑，这是典型的蚁狮设下的“陷阱”，只不过比欧洲的陷阱小一半。于是，他就在这个坑边蹲了几个小时，仔细观察蚁狮幼虫捕捉苍蝇和蚂蚁的情景：蚁狮幼虫从陷阱深处射出一股股沙子，不断地击中那些吃力地顺着沙粒流动的坑壁往外爬的昆虫，这些可怜的小家伙终于一个接一个地滚到蚁狮跟前，成了它们的“猎物”。

对蚁狮的观察给了达尔文这样的启示：它们所设置的陷阱，如此简单、美观、精巧，与欧洲的蚁蛳几乎完全一样，表明这是同一个“造物主”的同一只“手”创造的。即使澳大利亚有许多在其他大陆见不到的哺乳动物，也不能认为它们来自另一个世界！

后来，达尔文把这个想法记在了《航海日记》中，他对物种起源问题的思考又向前迈出了一大步。他已经不再相信《圣经》中关于“创造”的概念，他发现自己成了一个“不信教的人”了。

在澳大利亚南部，达尔文还进行了大量的地质方面的考察。他采集了一批岩石样品，在一些小块的菱形石头里面，达尔文发现了一些已经绝迹的化石树叶和化石植物，它们都生存在几亿年前。

1836 年 4 月底，贝格尔舰绕过了印度洋上的毛里求斯岛。接着，它又花了将近两个月的时间，从南边绕过了与非洲大陆隔海相望的马达加斯加岛。在非洲南部海岸短暂地停泊了几次之后，贝格尔舰终于结束了在印度洋的航程，即将重返大西洋，返回它阔别已久的英国。

学术与生活

- 我在科学方面所做出的任何成绩，都只是由于长期思索，忍耐和勤奋而获得的。
- 如果说我有什么功绩的话，那不是我有才能的结果，而是勤奋有毅力的结果。

返回故乡并处理“宝物”

达尔文为了科学事业，不惜花费大量的时间和精力。

这天，达尔文正走在回乡的路上。这是施鲁斯伯里一个典型的10 月的清晨。薄雾蒙蒙，空气清新，太阳正努力地钻出云雾，照射大地。达尔文下坡穿过几条街，走过塞文河，跨过威尔士桥，走进了蒙特山庄。这条路是他小时候每天从学校到家的必经之路，但是没有一次心情像现在一样——那样地渴望扑进蒙特山庄的怀抱。

10 月的蒙特山庄非常美丽，秋日的花朵正在开放，黄色、褐色、紫红色的树叶开始飘落，地上铺满了一层厚厚的树叶地毯。

锦绣大地在达尔文的脚下一动不动，安安静静地迎接他回来。这里没有惊涛骇浪，只有安宁。他再也不用担心脚底下动摇不定，再也不用担心晕船了。

随着门环的声响，管家爱德华把门打开了。他惊讶地大叫了一声，刚刚散步回来的父亲第一个跑到了他的面前。

姐妹们也从楼梯上飞奔而下，她们还穿着睡袍，每个人都冲上来拥抱达尔文，都分不清谁是谁了。好一会儿，达尔文才有机会看清每个亲人在这些年里的变化。

父亲已经70高龄了，看上去已经老态龙钟，头顶上的头发都掉光了，下巴也有些松弛了。但是他160公斤的体重几乎没有减。他的声音在蒙特山庄回荡，仍然像以前一样亲切。

大姐玛丽安娜已经出嫁了；二姐卡罗琳36岁了，她微微皱眉的时候，额头上已经有皱纹了，然而她的头发仍然非常浓密美丽；身段修长的苏珊还是那么漂亮；变化最大的是妹妹凯瑟琳，达尔文离家的时候，她还是一个20来岁的姑娘，现在长成一个成熟的大姑娘了。

达尔文高兴地拍着凯瑟琳的肩膀。

卡罗琳说："现在凯瑟琳可是我们这里的明星啦。说来奇怪，竟然没有人向凯瑟琳求婚。"

"哈哈，我可不介意。"凯瑟琳说，"只要有舞跳、有街逛就非常好。"

这些话差不多是含着泪水说出来的，每个人都忍着，但是没有人能忍得住五年分离后重逢的激动。父亲也哭了，自从母亲去世以后，达尔文还没见父亲哭过。

仆人们也赶来了，厨娘安妮看上去气色仍像过去一样好，她一看到达尔文就叫起来："查尔斯先生，那条船上的人们没有让你吃好啊！"老保姆南希紧紧地抱住了他，园丁约瑟夫也激动地和他握手。

达尔文还没有吃早饭。罗伯特医生的声音像往常一样洪亮地响起来："大家都到餐厅去！安妮，为我们的浪子准备你一生中最丰盛的早饭吧！"

达尔文坐在餐桌旁，透过窗子，看到了塞文河和附近绿油油的牧场，成群的牛羊在吃着青草。看着这熟悉的一切，他觉得自己好像从来没有离开过一样。

"只有一样变化了，"罗伯特医生说，"你的脑袋形状变化很大。"

达尔文和姐妹们哈哈大笑起来。

"我往我的脑袋里装了那么多的奇观异景，它怎么能不变呢？现在我的困扰是，不知道拿这些材料做什么用。我是否掌握了打开这个宝库的钥匙？"

大家都安静了下来。罗伯特医生握住了达尔文的手。他说："我认为你知道这个问题的答案。你也知道应该怎样处理你的采集品。努力工作吧，但是不要操之过急，你要用很多年的时间来做大自然为你准备的工作呢。"

达尔文激动地站起来，吻了父亲的额头，父亲给了他自由，父亲支持他做一个科学家，而不强求他做一个牧师。

姐妹们也替达尔文高兴。她们早就为达尔文感到自豪了，对了，作为一个博物学家。

凯瑟琳嚷起来：

“要是爱德华在藏书室生火就好了。查尔斯一定有好多故事要讲给我们听吧。”

“所有新闻里面最好的一条就是我现在待在家里了。我们为什么不在壁炉前玩几把惠斯特牌呢？”

母狗平切尔趴在壁炉前，观看达尔文兄妹几个一起玩牌，它对达尔文的回乡没有太吃惊也没有过分亲热，就好像昨天他们还在一起，好像昨天它才跟达尔文一起散过步一样！壁炉里的火熊熊燃烧着，姐妹们为了手里的牌叫嚷着。

达尔文告诉自己：真的回家了。

几天里达尔文一直处在与家人重聚的喜悦里。大姐玛丽安娜也从欧弗顿赶来，和弟弟相聚。

这时达尔文想见的还有美尔村的舅舅和表姐们，他马上给美尔村写了信，说过几天马上就去看望他们。他首先要看的是他的朋友和导师——亨斯洛先生。

回国以后，和全家人欢聚了几天，达尔文就开始工作了。

现在，他自己和所有周围的人，都不再想到要他当牧师了。这个念头是自然而然打消的:达尔文应该做个什么样的人,现在已经非常明白了。

一只只巨大的箱子,上面盖着世界各地城市的邮戳,装满了在五年中收集起来的宝物,正在等着他。

怎样着手整理这些材料呢?

由于巨大的意志力、坚毅精神和对自然史各部门的热心,达尔文收集到了这些财产。但是要把它们作科学的鉴定,需要不止一个学者的知识。有些箱子里装着一包包植物,有些箱子里是许多矿石标本。有的箱子简直就是棺材——保藏着绝种已久的动物的骨骼。还有,这位年轻自然科学家的许多盒子里用大头针钉着的巴西等国的昆虫,又是那么多啊!还有一包包的动物标本,一罐罐的蜗牛和蚯蚓!

所有的标本都小心包装好,每一件标本都有号码,逐一编入目录。目录上还注明在何时何地获得,并有简短的说明。

还有许多笔记本和摘记。其中有旅行日记。这一切都需要付出巨大的劳动来加以整理。

达尔文向英国政府申请得到一千英镑的津贴,准备出版他在环球旅行时期收集到的动物的专集。

达尔文花了很多力量,使学者们对他的采集品发生兴趣,说服他们来参加整理工作。他得赶到伦敦去找一个学者，到牛津大学去找第二个，到剑桥大学再去找另一个。

这些采集品，终于都交到了自然科学各部门可信赖的大学者手里。他们有的着手整理古生代哺乳动物，有的整理现代哺乳动物，有的研究鸟类，有的研究鱼类，等等。

达尔文还得忙着安排那些无脊椎动物。那些蜗牛啊、臭虫啊、蜜蜂啊、黄蜂啊、蝴蝶啊、甲虫啊、蚂蚁啊，都需要专家来作鉴定。甲虫专家不肯整理蝴蝶和苍蝇，而蝴蝶和苍蝇专家也不愿研究别的无脊椎动物。

达尔文给自己留下了地质学的部分和总的记述工作。但这也需要在各种博物馆、图书馆和实验室里进行艰巨的工作。

他整天在剑桥大学的实验室里，埋头研究他的矿石和岩石。那些标本一个接一个地得到了科学的名称。著名的矿物学家米勒教授指导着达尔文的工作。等到矿石鉴定好以后，达尔文就搬到伦敦去住了。

在这里，达尔文开始了特别紧张的活动时期：《考察日记》和几部地质学著作准备付印了。这期间，必须与那些整理旅行中动物学材料的动物学家取得密切的联系。

达尔文参加了许多不同的科学团体。他被选为科学俱乐部的会员，后来又担任了地质学会的学术秘书。他作了地质学的报告，认识了许多学术界人士。

达尔文的朋友：胡克和赫胥黎

《考察日记》的校样是交给胡克看的，胡克的父亲是个著名的植物学家，在伦敦附近创办了有名的克由植物园。胡克这时是个刚毕业的大学生，正要动身去作南极探险考察。他的科学事业，正如达尔文一样，也是从军舰上开始的。1839 年，胡克在出国考察前夕，才初次和达尔文认识。

此后不久，达尔文把《考察日记》初版单行本送给莱尔，并由莱尔的父亲转赠给胡克。

这本《考察日记》对胡克产生了巨大的影响，同时也使他感到伤心，他明白，作者在这部作品里显露了多么渊博的知识和多么卓越的才能，他离达尔文是多么远啊。当时，胡克才 21 岁。

胡克在探险时写信给莱尔，坦诚地说明了自己的印象。一路上，《考察日记》始终带在他的身边，就像莱尔的著作在贝格尔舰上始终陪伴着达尔文一样。

达尔文正好需要一个植物学家，加拉帕戈斯群岛和其他许多地方的区系植物,还没有作科学的记述。胡克无疑是一个适合于这种工作的人。胡克在1843年从南极地区回来后,达尔文就把自己的植物学资料交给了他,并迫不及待地等着胡克的结论。

问题是,根据以前的一般的概念,动物和植物是上帝为了它们所生活着的环境而被创造出来的。这好像说明了"上帝的伟大意旨"。这也就是说,即使在相隔很远、但自然条件相似的各个岛上,必定有同样的动物和植物。譬如说,遥远的佛得角群岛和加拉帕戈斯群岛,虽被大陆和海洋隔开,必定生长着同种的植物和动物,因为这些岛上的土壤和其他自然条件,都是相似的。事实上,达尔文发现了完全不同的情形。加拉帕戈斯群岛的区系动物和区系植物是接近美洲的,而佛得角群岛的区系动物和区系植物却是接近非洲的。同时,这群岛上的动物和植物,虽然和邻近大陆上的动物和植物相像,但毕竟有许多性状,显得和邻近大陆的有所不同。因而必须有物种的确切的记述,才可能鉴定自己的结论。这一点,胡克也做到了。他在加拉帕戈斯群岛的植物分类方面的工作,是完全符合达尔文的假设的。

达尔文觉得这还不够。别的群岛上区系植物的关系中,是否也有这种规律性呢？还需要更多的事实。

这时，胡克已成了一个大植物学家。他在这一领域给了达尔文很多帮助。

胡克在植物学方面的知识，特别在植物地理学方面尤为广博。他研究过南极地区、澳大利亚、新西兰和塔斯马尼亚的植物。他到过印度和喜马拉雅山地区，知道那里的区系植物。根据达尔文的要求，胡克把火地岛和欧洲的区系植物作了比较研究。达尔文非常需要知道胡克对新西兰、塔斯马尼亚和其他各岛的区系植物，会作出什么样的结论。

共同的科学兴趣，使达尔文和胡克之间产生了亲密的友谊、尊敬和信任。

达尔文还有一个朋友是动物学家赫胥黎，赫胥黎比他小16岁。正如达尔文和胡克一样，赫胥黎也是从军舰上开始走上自然科学家的道路的。1846年，他作为一个军医助手，乘坐响尾蛇巡洋舰出海，主要是到澳大利亚海域去。

赫胥黎回到英国后，在1854年担任伦敦矿业学校自然史教授。他懂得学生很需要古生物学，他就开始做深刻而认真的研究。赫胥黎也研究比较解剖学和生理学。

赫胥黎在年轻时就跟达尔文见过面，也听到过他关于物种变异的观点。在那第一次谈话中，赫胥黎肯定地反对达尔文，坚持说物种是不变的。回到英国后，赫胥黎经常和达尔文碰头，起初对于达尔文在物种起源上的见解，还是漠不关心，但也不再护卫上帝创造世界的理论了。

要理性还是要信仰

对自然科学研究越多，达尔文头脑里的一些问题就变得越来越明显起来。因为随着考察的进行，大量的自然事实显示，《圣经》中说的上帝造物理论，越来越难使人相信了。

在这几年的考察过程中，达尔文也曾对宗教问题进行了很多次思考。思考的结果是，他对上帝创世的信仰已经发生了根本的转变。他开始不相信上帝的创造和神的启示了。

但是在情感上，达尔文还是对宗教怀有深深的敬意，然而理性告诉他，这所谓的创世论学说并不是像其所宣扬的那么完美。因为在达尔文研究的领域，不论是从地质学的角度还是生物学的角度看，创世论都很难站稳脚跟。

在参加环球考察以前，达尔文虽然不是一个虔诚的基督教徒，但他受父母亲的影响，也从没有对《圣经》的创世说和基督教教义产生过怀疑。因为在基督教的教义中，除了《创世纪》是达尔文有所怀疑的内容外，还有不少内容都是劝人弃恶向善的。达尔文觉得这些东西能激发人们对美好东西的向往，而这种向往才应该是人们信仰宗教的原因。

于是,他带着这种信仰开始了他的考察之旅。因此,在刚搭上贝格尔舰的时候,达尔文还抱着十分正统的宗教观念。每当他来到一处考察地时,他总是会用惊奇和赞美来表达出他对上帝的崇敬。他眼前看到的一切,不是充分说明了上帝造物的伟大吗?

但是,在考察后期,随着他观察到的生物物种变异的情况越来越多,他发现这些现象根本无法再用上帝造物来进行解释了。达尔文在1836年1月19日的日记中就提出过怀疑:怎样解释都属于一个属,但不是同一个种的生物现象呢?难道说澳大利亚的蚁狮和欧洲的蚁狮是两个造物主分别创造出来的吗?

有些笃信上帝创世的地质学家说,之所以有不同的物种是由于造物主是在不同时期进行创造的,因此有了创造的差异。然而地质考察表明,地质变化大都是要经历千百万年以上的漫长时间,而上帝说无论如何也说不清楚这其中的问题。很显然,《圣经》中的某些历史是伪造的。

这是纠结在达尔文头脑中很久的一个很深刻的问题,达尔文在有生之年一直为其所困,纵使发表了进化论学说,达尔文还是对宗教怀着一种特殊的心情。他虽然改变了对宗教的信仰,但他一生中从不反对宗教活动,因为达尔文是十分看重宗教在道德教化方面的作用的。他认为,宗教活动可以使人们的心灵变得更加美好,道德变得更加高尚。达尔文也思考过,人们之所以会相信上帝和神的存在,是因为世界上存在着许多的苦难和罪恶,靠人们自身的反省是不够的,于是人们就幻想出一个无限神力的上帝来改变这个世界。

达尔文在剑桥学习的时候,曾经认真地读过神学家佩利的《自然神学》,那本书里利用了很多生物的结构和习性来论证上帝造物。在广阔的大自然里,很多生物都有奇妙并独特的结构和习性,利用这些结构和习性,它们可以巧妙地躲避各种伤害。像我们所熟悉的蚌,它那两片张合自如的壳就是它的武器,那么如果从人的角度来看,蚌的那两片壳是怎么绞合在一起的呢?这在人看来是难以捉摸的。佩利的解释是这种神奇物种的特性的形成只能是由上帝创造出来,这和我们人类创造出一扇可以开关的门窗是一样的。

刚开始,达尔文对于佩利关于上帝创造生物物种的论证非常信服。因为的确像佩利所说,如果没有一个比人更高智慧的神,怎么能够回答自然界中到处可见的像蚌那样奇妙的现象呢?如果不是上帝的创造,像蚌那样的构造和特性是怎样来的?

随着达尔文学识的不断增长,以及他不断的研究发现,佩利的观点正在失去他的说服力。

因为，已经有动物学家和植物学家通过实验，采用选种、改变生长环境条件等方法培育出了新的物种。新物种的出现，给原先的理论带来了很大的冲击。因为很明显，这些新物种是人培育出来的，而非万能的上帝。尽管这样，还是有坚持神创论的学者固守着旧的观念，强词夺理地说新物种是上帝为那些育种家特意安排的。

达尔文在他的著作《动物和植物在家养下的变异》中向神创论者质问道：人们把从山上采来的石块按建造房屋的需要制成各种形状和大小的石料，这也都是上帝安排的吗？如果不是上帝安排的话，我们凭什么要相信家养动物和栽培植物的变异是上帝为了饲养家和育种家的缘故而特意安排的呢？

不过，达尔文也有困惑的地方，虽说他后来找到了生物界的自然法则，但他也只是回答了物种起源的问题，对于万物到底是怎么形成的这一问题，他知之甚少。

达尔文是一个诚实的科学家，有着很高尚的职业道德。自然界永远会存在秘密，科学家也会永远不停地进行探索。对于未知的东西，科学家应该尽可能做一个不可知论者。在这点上，达尔文做得相当好，他一直以一位谦虚的科学家的身份做着他的研究。对于不明白的事物,他也会十分坦白地承认:“我不能假装自己可以对深奥的问题提出最低限度的解释。人们必须要学会去做一个不可知论者,而我,就是这些人中的一个。”

终生伴侣

达尔文和小表姐爱玛相互爱恋已经很长时间了。

中国的孔子说："三十而立。"这话真应验到了英国的达尔文身上。正是在30岁的时候，达尔文决心建立家庭了。

他把这个想法告诉了父亲，并且说自己要向小表姐爱玛求婚。罗伯特医生完全文持儿子的想法。但他清楚地知道，韦奇伍德一家都是唯一神教的虔诚信徒。他自己就是因为和韦奇伍德家的宗教信仰不同，老乔赛亚才坚持不肯把女儿嫁给自己的。他的婚姻经历了一番曲折。因此，他劝告查尔斯，在准备结婚之前，一定要把对基督教的怀疑隐蔽起来。

1838年11月，达尔文特意修饰了一番，和范妮姨妈一起来到美尔。像往常一样，韦奇伍德一家对他们表示了热情的欢迎。

爱玛本来在自己的房间里读书，听说查尔斯来了，赶紧从房里走出来。看见查尔斯不像往常，有点局促的样子，还有他那修饰得特别好的西装和领结，爱玛预感到有什么喜事要发生，对着查尔斯，也不由自主地腼腆起来。

乔赛亚也看出了有点不同寻常。他故意制造了一个机会，对达尔文说："以前同你谈的蚯蚓造壤土的事，我在花园专门用了一小块地做试验，让爱玛带你去看看。"

乔赛亚说的蚯蚓造壤土的事，是指达尔文先前来美尔休养时，他们讨论过蚯蚓在形成腐殖质土壤中的作用问题。乔赛亚不知道，在他的启示下，达尔文后来对这个问题作了专门考察，并写成了论文《论壤土的形成》在地质学会上做报告，又在《地质学会会报》上发表了。

爱玛把达尔文带到花园的一角，指着几根小树枝围着的一块地说："这就是爸爸说的试验地。"地上的土壤松松的，和邻近的一块地明显不同。这一下子就引起了达尔文的兴趣。他拿起身边的树枝蹲下身翻起土壤来。

"爱玛，你看，有蚯蚓的地方，就有很多细小的土颗粒，显然是蚯蚓改变了原来的土质结构。"爱玛看达尔文专注的样子，不忍心打断他，便附和说："是呀，这块地和旁边的一块地真的是不同呢。"

达尔文用树枝扒出了一条肥胖的蚯蚓，正要用手去拈它，爱玛紧张地失声喊了起来："查尔斯，不要去碰它，当心它咬你。"达尔文缩回手，望着爱玛关切的紧张神情，周身涌起了一股幸福的暖流，赶忙安慰爱玛说："蚯蚓是软体动物，不咬人的。”“不咬人也不要去碰它，看那软绵绵的样子，怪怕人的。”爱玛嗔怪起达尔文来：“你看你，这么漂亮的衣服都沾上泥了。不在这里弄蚯蚓了，查尔斯，我们到那边去看爸爸新近从中国引进的菊花吧。”

“好。”达尔文顺从地站起身，跟着爱玛朝菊花地走去。

“爸爸说，中国的瓷器上有很多都画的是菊花。”乔赛亚的韦奇伍德陶瓷公司仔细地研究过中国的陶瓷。爱玛听过父亲乔赛亚对中国花瓷的赞美。“爸爸引种中国的菊花，也想烧出中国那样精美的花瓷来。”

“我想舅舅会成功的。”11 月，正是入秋菊花初放的时候。达尔文指着一株绣球般的紫红菊花说：“你看，这朵花真大，它的颜色也很特别，要是更红更鲜些，像玫瑰那样就更好了。可惜，现在不是玫瑰开花的季节。要不，我一定摘一枝最红、最美、最大的献给你。”

听到查尔斯要采一枝最红、最美、最大的玫瑰花献给自己，爱玛看花的眼光立刻转向了他。爱玛的眼光和查尔斯的眼光相会在一起了，爱情的火花从两个年轻人的心底迸发出来。在两双眼睛对视的一瞬间，他们都感到了有一股甜丝丝的滋味涌上心头。

“爱玛，我爱你，想请求你做我的终生伴侣，你愿意吗？”达尔文紧张地说出了近一些时候想了千百次的心里话。尽管他说的这句话不像以往那样连贯，而且声音有些颤抖，可爱玛听起来是那样地动听，那样地悦耳。这是她盼望了多么久的一句话啊！

爱玛没有抬头看查尔斯，但感到他期待的目光在望着自己。她激动得发抖，不知道该说什么好，只是朝达尔文死劲地点了几下头就跑开了。

正在客厅同范妮谈话的乔赛亚看见爱玛一脸幸福的笑容，激动地跑进来，就知道发生了什么事，故意问了一句："查尔斯呢？"

"他还在花园里。姨妈，爸爸，我回房去了。"

"发生了什么事？"范妮姨妈似乎感觉到了什么。

"查尔斯来了您问他。"爱玛羞涩地回答了一句，转身上楼去了。

"范妮，今天我们家有喜事了。"乔赛亚也情不自禁地激动起来。正说着，达尔文走了进来。范妮姨妈看见他脸上像爱玛一样挂着幸福的笑容，发亮的眼睛还有些激动的潮润，就完全明白怎么回事了。

"舅舅，我向爱玛求婚了。好像她已经默许了。您同意吗？"达尔文走到乔赛亚的对面一本正经地说。

"为什么说'好像'?"

"我请求她做我的终生伴侣,她只是朝我点头,一句话也不说就跑开了。"

"傻孩子,难道你还不明白爱玛对你的心意?你快去派人告诉你爸爸,让他明天来美尔为你们举行订婚仪式。"

第二天,罗伯特医生来到美尔庄园。11月11日,乔赛亚和罗伯特为这对相爱的年轻人举行了气氛热烈而不铺张的小型订婚仪式。

订婚仪式上,达尔文第一次热烈地亲吻了自己心爱的人,而不是像从前只在爱玛的脸上象征性地表示一下礼节。能歌善舞的爱玛拉着查尔斯跳起了小步舞。他们完全沉浸在幸福之中。达尔文度过了他在日记中说的"我生命中最值得记忆的一天"。

1839年,在美尔的圣彼得教堂里,爱玛的堂兄约翰牧师又为他和爱玛主持了婚礼。约翰牧师在婚礼上宣布说,两个纯洁的灵魂从此永远地结合在一起了。这话是真的,达尔文和爱玛相依相伴了一生。虽然爱玛和达尔文的宗教信仰不同,但她全身心地体贴达尔文,支持他的科学事业。

爱玛对达尔文所作的贡献,可用得上中国流行的一句歌词:"军功章上有我的一半,也有你的一半。"达尔文在晚年的《回忆录》中说:“爱玛是我一生中明智的顾问和使人愉快的安慰者,如果没有她,由于健康的恶劣,在我漫长生活的岁月里将是凄惨的。”在达尔文为科学作出伟大贡献的功劳簿上,也有爱玛的一份辛劳。我们现在要来介绍一下爱玛了。

爱玛·韦奇伍德是乔赛亚的第九个孩子,也是最小的一个女儿。她1808年5月2日出生在美尔庄园,比达尔文大8个月。

爱玛从小就十分聪明,加上勤奋好学,在伦敦的格列学校读了两年书,就能阅读法、德、意三国文字的书刊。她是全家最受宠爱的人,自幼就跟随父亲和哥哥、姐姐们在国内和欧洲各地旅行,因此,她见多识广,博闻多知。

爱玛秉性温良,品德贤淑,跟随父母信奉唯一神教。她熟读圣经和希伯来经典,是虔诚的宗教信徒。

爱玛的容貌秀丽,端庄的鼻梁上配着一双动人的大眼睛,卷曲的棕发齐耳边自然下垂,更显出脸色秀美。她多才多艺,既会溜冰、骑马,又精于缝纫、刺绣;而且能歌善舞,她用钢琴演奏的贝多芬和亨德尔的乐曲,叫人如醉如痴。

达尔文和爱玛在美尔举行完婚礼后,第二天就回到了伦敦。他们没有作蜜月旅行,因为爱玛知道,达尔文为准备结婚,寻找和布置新房就花去了许多时间。达尔文有很多科学工作要做，她不能再让他把时间单纯用在陪伴自己上。

但是在他们新婚的一段时间里，达尔文还是没有能够把全部精力集中在自己的科学事业上，很多时间都用在接待前来祝贺的科学家朋友和亲属。在对客人的接待中，充分显示出爱玛是一个能干的主妇。她热情，亲切，招待周到，使客人毫无拘束，就像在自己家中一样。这给客人留下了难忘的好印象。

从 1839 年结婚算起，到 1882 年达尔文逝世，爱玛和达尔文共同生活了 43 年。43 年中，爱玛不但在生活上对达尔文关怀备至，当达尔文工作累了休息的时候，她为达尔文弹奏轻快的钢琴曲，朗读轻松愉快的小说，帮助达尔文调节紧张的神经；而且在工作上尽力分担达尔文的辛苦，帮达尔文抄写稿件，整理资料，还为达尔文译解外文信函和书刊。

特别是在达尔文生病的时候，爱玛对达尔文的照顾更是体贴入微。她像一个心理医生，在达尔文因病不能工作，产生烦躁不安的情绪时，总是给以耐心的劝慰。

达尔文疾病缠身几十年，能够做出那么多出色的研究，写出那么多卓越的著作，虽然主要靠达尔文自己顽强的意志和努力，但如果没有爱玛对达尔文的照顾和帮助，这一切也是难以想象的。

达尔文在《回忆录》中谈到爱玛时，表达了他那发自内心的感激和赞美。他说："她是我最大的幸福，在我一生中，我从来没有听她说过我不愿她说的一个字。她永远都是最亲切地同情我，而且非常耐心地倾听我由于恶劣的健康状况和不舒服而屡屡发出的抱怨。……她赢得了周围每一个人的钟爱和称赞。"

他们的儿子弗朗西斯在谈他感受到的父亲与母亲的关系时说："她以最美丽的样子表现了她那温柔和同情的气质。同她在一起的时候他找到了快乐；通过她，他那可能笼罩着忧郁的日子变成了一种满足、安静和愉快的生活。"

物种起源

- 科学就是整理事实，以便从中得出普遍的规律或结论。
- 我始终努力保持自己思想的自由，我可以放弃任何假说，无论是如何心爱的，只要事实证明它是不符。

思想困扰

达尔文回国后，虽然忙于整理《考察日记》、组织出版《贝格尔舰航行中的动物学》和进行地质学研究，但他并没有停止对物种起源问题的思考。

1837 年 7 月，在他把整理好的《考察日记》交付出版商的同时，他开始进行了《论物种变异》的写作。在这部书中，达尔文记录了自己阅读的参考资料、调查活动和他的思考。

说起物种起源的问题，我们还得看一下当时科学界的一些关于物种起源的说法。千百年来，在基督教传布的地区，人们都信奉一种说法，那就是：我们周围的一切，包括天空飞的、地面跑的、水中游的各式各样的动物和形形色色的植物，都是上帝创造的。

直到 18 世纪，这种说法依然还很盛行。不过，随着近代科学的发展，开始有人提出不同的看法了。

18 世纪瑞典科学家林奈是一位对生物学发展作过重大贡献的科学家，他提出了动植物分类法，使得混乱的生物学得以有章可循，但他也是 18 世纪最有影响的神创论者。他认为各个生物物种都是由上帝分别创造出来的，当初创造了多少物种现在就有多少物种。

林奈的这个思想，维护了教会的地位，所以得到了教会的支持，成了18世纪占统治地位的思想。但是另一位与林奈同年出生的法国生物学家布丰就不那么幸运了。他提出过地球自身形成的假说，这个假说含有否定上帝创造物种的思想，他因此受到了巴黎大学和教会的警告。最后，布丰被迫写出悔过书，声明放弃所有在书中所说的关于地球形成的说法，并放弃所有可能与《圣经》故事相冲突的说法。

法国博物学家拉马克提出的用进废退的进化论思想也遭到了居维叶及其拥护者的坚决反对。法国动物解剖学家通过自己的解剖研究，提出了动物有同源器官和同功器官。例如，脊椎动物的前肢，虽然在不同的动物中具有不同的功能，但它们在躯体上占有相同的位置，是同样的骨骼，有相同的结构，因此有共同的起源。这一看法显然含有否定物种由上帝创造的意思，因为如果不同物种的器官有同一来源，那么它们就不会是由上帝分别创造的了。这一研究结果也遭到了居维叶派的反对。

由于居维叶的权威，也由于教会的支持，灾变说一时成了地质学中居统治地位的学说。英国的很多地质学家，像塞奇威克、亨斯洛等都是信奉灾变说的。但是，有一个人并不持这种观点，他坚决反对居维叶的灾变说。

他就是达尔文后来认识的莱尔。莱尔之所以不相信这种学说，主要是因为他从 20 岁就开始进行野外地质考察，他的足迹几乎遍布了整个欧洲。他根据自己的考察资料确信地质变化是经过日积月累形成的，而不是由某种灾难变成的。莱尔于 1829 年至 1833 年出版了 3 卷《地质学原理》，他以将今比古的方法，用大量生动的地质资料论证了地球缓慢变化的理论。

本来，莱尔以他的理论也一步步接近了物质起源的领域，但他没能再向前迈一步。因为，他否认物质之间在起源上的联系。他认为，物种起源是秘密中的秘密，是最难解开的谜。他曾批评拉马克的生物进化学说纯粹是一种幻想。莱尔的地质演化学说开启了达尔文创立生物进化论的思路，而他自己却长期在生物进化论面前犹豫徘徊。

在达尔文开始环球考察的前期，亨斯洛教授就向他推荐了莱尔刚出版的《地质学原理》，他觉得这本书对达尔文日后的考察很有帮助，不过他也提醒达尔文不要相信书中的观点。因为亨斯洛教授还是很相信灾变说的，对莱尔的理论亨斯洛教授一时接受不了。但当达尔文读完《地质学原理》第一卷后，他发现自己完全不能听从老师的劝告了。他在环球考察中看到的事实都证实了莱尔理论的正确性。当达尔文刚踏上贝格尔舰环球考察的旅途时，他满怀着对上帝崇敬的情感，相信是上帝创造世界的。然而，莱尔的理论帮助他破除了这些迷信，因为达尔文通过自己考察发现地质变化并不是上帝一时兴起带来的激变，而是到处都可以见到的自然力长期作用的结果。

在环球考察前期，达尔文丝毫没有怀疑过物种创造的原理。他在考察日记中谈到生物物种时，总是用“创造”“设计”的字眼。但是，在考察生活的后期，他开始对上帝创造生物物种的信仰产生了怀疑。因为在考察旅行期间，他看到了大量能够摧毁物种不变说法的事实。

达尔文感到越来越多的事实难以用上帝造物的说法解释了。各种各样的难以说明的事实，都归到了“物质是怎样起源的”这样一个最大的难题。地球上新的生物物种如果不是上帝创造的，那他们是怎样产生出来的呢？环球考察结束回到英国后，达尔文就一直在苦苦思索，怎样才能解开这个秘密中的秘密。

达尔文的祖父曾提出过生物进化的观点。达尔文小时候就听人说过祖父的生物进化思想，但他还没有认真读过祖父的著作。回国后，达尔文专门花时间来读祖父的著作，并且在笔记本里做了一些摘记。祖父在《动物规律学》中列举出的物种进化的理由，一是生物在个体发展中形态会发生变化，如毛毛虫变成蝴蝶，蝌蚪变成青蛙；二是人类能使家畜发生变化，如人根据需要培育出不同的马、狗、鸟类；三是存在畸形动物及继承畸形的后代；四是四足动物、鸟、两栖动物以及人类在结构上有惊人的相似之处。

达尔文对祖父的看法和理论并不完全认同，但他支持祖父的生物进化的观点。

阅读祖父的著作并没有为他提供多少解答物种起源问题的思路。于是他开始把目光投向农业实践中的实际资料。达尔文阅读了许多关于农业的书和杂志，研究了大量关于家畜品种和植物品种的专论，还分析了好几个农业展览会的报告。搞清楚这类资料并不是件容易的事，因为在这些大量的资料中，有真实的事实，也有虚假的谎言。需要详细地加以比较，仔细地核对数据，才能确定其真伪。

达尔文除了阅读文献外，还和动物饲养家、植物栽培家等通信，从他们那里直接获得培育新物种的生动例证。达尔文还亲自养鸽，亲手做繁育动物的实验。后来，达尔文研究了其他的家养动物。

达尔文开始明确地意识到，家养动物新品种的形成是同人的选择有关的。于是从家养动物和植物的育种中，达尔文得到了他的人工选择原理。这样，他在向着物种起源的道路上又前进了一大步。

生命的搏斗

达尔文通过研究，提出了“在家养动物和植物中，那些被选择出来的优良物种自身优良的性状是人工选择的”的结论。

达尔文现在又想到一个新的问题：在自然环境里，生物是否也有像在家养条件下那种情况呢？

如果是这样，那么自然界中一定也有变异性、遗传性和选择的规律在起作用。现在达尔文要研究的就是：自然界中是不是也有选择？

人工选择，实质上就是消灭不合格的东西。那么自然界中是否也有这种消灭过程？

你可以看看，任何一种植物都会产生多么巨大数量的种子。有人计算过，从一棵良好的罂粟灌木上，可以得到3万2千颗种子。一棵平常的柳穿鱼草也有这么多种子。在人们院子里到处可以看到的狗尾草，每棵每年能产生2万颗种子。

我们可以想象一下：如果某一年里，所有10万颗滨藜种子都长成了成熟的植株，将是怎么个情形？毫无疑问，这个地方就要遭到巨大的危害：滨藜泛滥成灾，就会破坏田野和菜园，把道路都淹没的。

早春时节，从树木和灌木丛上会飞出大批“雪花”。它们乘着白色长毛的降落伞漫天飞来，像一块蓬松的大地毯铺满大地，这就是柳属、杨属、欧洲山杨的种子。

单单只是柳属一项，如果全部种子都生长起来，那么一年里整个区域就会变成一大片柳林了！

不妨计算一下，某一种植物的一颗种子，在几年后将有多少后代（假定所有的种子都能成活）。俄国植物学家季米里亚捷夫曾经拿蒲公英做过这种统计。他假定每一棵蒲公英一年只生产100颗种子（事实上蒲公英的种子要多得多，因为它在一个花序里约有100颗种子，而且在一年里它要产生好几次种子）。那么十年后怎么样呢？答复是一百亿亿颗。

季米里亚捷夫假定，每一棵蒲公英需要一平方俄寸（约90平方厘米）的面积。地球全部陆地，如用平方俄寸来计算，是668245248亿，而第十代就需要10000000000亿平方俄寸的面积，这几乎超过了全部陆地表面的15倍！

动物的繁殖力，也非常可观。达尔文计算过，即使繁殖得最慢的象,在750年里,一对象会产生出1千9百万只后代。鱼的一窝鱼子里,就有几千几百万颗鱼子。

所以,每一种生物都可以用它的后代来装满整个地球,如果它不被消灭的话。

而事实上,大量的植物和成年动物的卵、种子、幼芽等,都被别的生物消灭了。

达尔文计算过,在一块3英尺长2英尺宽的土地上,357棵已长出的植物中,295棵被昆虫和软体动物所消灭。

达尔文说:“我们经常看到大量的食物;但我们没有看到或者忘记了,那些在我们四周无忧无虑地歌唱的鸟儿,大部分都是吃昆虫和种子的,因此它们是经常地在消灭着生命;我们忘记了,这些鸟或它们的蛋却又是猛禽和野兽的食品……”

每一个生物,都靠了几百万别的生物的躯体而得以活命。自然界在进行着不断的竞争——生存竞争。不要以为,生和死的问题可由一次胜利来解决。植物长大了——是一个胜利!但长大以后,难道就不会再遭受危险吗?季米里亚捷夫说,动物和植物的整个生活,始终处在它们的敌人——竞争者的威胁之下。

但是,这还不是决定生命的搏斗的全部,还得抵挡住无生物界的侵犯。

在两极地方,沙漠里,积雪的山顶上,有些沙岛上,我们都可以遇到生物专对自然现象的生存竞争。

不妨想象一下,我们从某一个地方向南方移动。我们会发觉有几个种的植物,数量在减少,而另几个种的植物却在增加。达尔文在乘贝格尔舰旅行时,就看见过这种变化。

这是什么原因呢?

达尔文是这样解释的:如果条件对某几个种有利,那么它们的数量就会增加;在不利的条件下,它们的数量就减少。所以,土壤、气候,对于物种的茂盛兴旺,都有间接的作用。

朝北方去,往往可以遇到矮小瘦弱的植物。在南美的山上,达尔文时常看到弯弯曲曲的树木和小灌木丛。这些小树常常是孤伶伶地立在陡峭的山顶上。它们所以会这样,并不是因为受到别的植物的排挤,而是在进行着对无机界、有害气候的直接影响的斗争。

在圣海伦娜岛的黑色岩崖上,达尔文观察了这儿的风力。岩崖边上,是平静无风的,但只要把手伸出岩崖边缘,就突然感到狂风。他在笔记本里还画了一幅图来描写这个现象。

达尔文为什么特别注意这一点呢?因为他在这个现象上发现了山顶树木弯曲的原因。他明白了阿森松岛为什么没有一棵树木,而只有一些低矮的植物。因为岛上的四周都有风吹来。

生物的全部生活就是生存竞争。达尔文认为,竞争的方式是多种多样的。有的主要是和别的种竞争;有的是环境条件不利,却要生存下去;而有的是不放弃自己一个种的生活权利。为生命的斗争,可以以几种形式同时进行,也可以仅以某一个形式表现出来。一切都要看动物或植物所处的环境条件而定。

此外,达尔文还认为,由于生物的繁殖力都很强,而自然环境中养料有限,因此在同一个生物的后代之中,为了生存也会发生争取食物的斗争。达尔文把这叫做种内斗争。

事实上并不一定是这样。生物所以会产生大量的后代,这也是一种适应。就拿蒲公英来说,正因为它产生大量的种子,才能生存下去。如果它只产生几颗种子,这几颗种子或者落在石头上,或者被吹到水里,生长不起来,这样蒲公英不就绝了种吗? 鱼子也一样。如果只有几粒鱼子,被别的鱼吃掉了,不也要绝种了吗? ……另一方面,动物有了保护后代的能力,它产生后代的数量也就减少了。譬如,鸟会做窠,保护小鸟,因此就只生几个蛋了。高等的哺乳动物,到了人类的时期,一胎就只生一个婴儿了。所以,生物产生了大量后代,只是一种维持生存的适应。

达尔文的这一发现是继莱尔之后，对创世论的又一次重大打击。莱尔用他多年的观察和考证，用常见的自然力说明了地球上的地质变化；而达尔文则以生物学赖以生存的各种环境条件对生物生存的作用，回答了生物物种的起源，神学的基石开始在科学的冲击下摇晃起来。

《物种起源》出版

达尔文1837年开始写第一本关于物种问题的笔记，1838年10月他读了马尔萨斯的《人口论》后受到启发，形成了自然选择思想，也初步形成了物种起源理论的轮廓。到1839年，这一理论更加清晰，但当时他正忙于撰写有关珊瑚岛形成的著作，并没有想把物种起源理论写成论文或著作。1842年6月，在校完了《珊瑚礁》一书最后的清样后，达尔文才开始撰写《物种理论概要》，第一次较为完整地阐述了他的物种起源理论。《物种起源》的基本章节、基本思想和想法在这个概要中都已经基本形成了。

这篇用铅笔草草拟就的35页笔记，后来被称为《1842年的论文：物种理论概要》。

1844年，达尔文把1842年拟就的《概要》扩充至230页，正式命名为《物种理论概要》。为了区别先前的那个概要，这个稿子被称为《1844年概要》。比起前一个《概要》来，后者的内容更广泛、更丰富。特别是对"自然选择"一章，大大增加了篇幅。从这本《1844年概要》中已经基本上能看到

1859 年出版的《物种起源》的影子了。

由于华莱士的刺激，达尔文于 1858 年 7 月重新开始了关于物种起源的书的写作。1858 年 7 月 20 日，在收到胡克寄来的要在《林奈学会会报》上发表的文章校样后，达尔文对这样发表自己多年的研究成果感觉并不满意。他觉得应该接受莱尔早就提出的建议，迅速写一篇自己理论的摘要来，重新发表在《林奈学会会报》上。当天他就开始写作，连续几天，他每天集中时间写好几个小时。不久，他就发现，照目前的样子写下去，篇幅比原先设想的摘要会长很多。他写信给胡克，胡克建议达尔文将摘要分成几部分在《林奈学会会报》上发表。

虽然他同意了胡克的建议，但心里还是怕分散的理论会给读者带来支离破碎的印象。果然，达尔文的摘要在《林奈学会会报》上发表时遇到了麻烦，编辑部不同意这么分散刊载。于是，达尔文决定以 1856 至 1858 年写的初稿为基础，正式撰写他的物种理论专著。这一写，就有了如今举世闻名的生物学巨著——《物种起源》。

在达尔文写作期间，他的知音胡克简直就成了他的顾问，达尔文几乎每写完一章就寄给胡克征求意见。使达尔文感到高兴的是，胡克看了以后，并没有发现多少错误，而且还提出了很多宝贵的意见。

达尔文写信感谢胡克说：“你阅读这些东西带给我的安慰是你所不能想象的。”他告诉胡克，书的初稿已经完成，他只需要再重新看一下就可以出版了。不过，长期的伏案工作，使得本来身体就很虚弱的达尔文变得更加瘦弱，即使只是重新看一遍这本书，也要用很长时间。

在达尔文即将完稿的时候，表哥福克斯听说了达尔文的身体状况后写了封信给他，劝他保重身体，不要为了名誉，把自己累得太苦。达尔文回信给表哥说他误解了，自己不是为了名誉，而是因为一种试图发现真理的本能在工作。

达尔文的话没错。我们今天看来，达尔文的物种起源学说带给他莫大的荣誉，但是在当时，否定创世理论是要承受很大风险的。哥白尼在他临终时才敢拿出他否定地心说的《天体运行论》，布鲁诺因宣传哥白尼学说被烧死在罗马鲜花广场，伽利略也由于信奉日心说而受到教会的警告，并被判终身监禁。

摆在达尔文面前的这条道路，并不是铺满了鲜花，而是充满了荆棘与毒刺。《物种起源》发表后达尔文所受到的攻击、谩骂，就充分说明了这一点。达尔文算是很幸运的，由于时代在进步，未曾遭遇到他的先驱者们所经受的劫难。

达尔文写完初稿后，就请莱尔帮他同出版商默里来联系出版事宜。达尔文为了出版这本讲述真理的书，不得不做一些策略上的考虑，他担心默里会因这本书里非正统的观点而拒绝出版。于是他和莱尔商量，是否应该告诉出版商书里的真实内涵。

达尔文的担心不是多余的，默里的确是一个典型的出版商，他的原则是利润回报。虽然他不喜欢达尔文的理论，甚至在看了达尔文的部分书稿后，认定达尔文将会成为被人嘲讽的对象，但当他听说不少人都在关注达尔文的这本书时，他敏感地意识到，出版这本书将有利可图。加上有莱尔这样权威的人物出面为达尔文联系，默里很快就答应了。

4 月初，默里回信告诉达尔文，同意出版这本书。于是，《物种起源》开始排印。这时又出了一件事情，让书的出版差点泡汤。原来，达尔文每写完一章就寄给胡克看，结果胡克寄回给达尔文时，有一部分稿子丢失了。幸运的是，达尔文还留有底稿，否则将会大大延误出版的时间。

等到达尔文看到陆续排印出来的手稿清样后，他觉得非常糟糕，他发现自己的文笔非常差，感觉需要修改的地方很多。他写信给出版商说自己还得再进行一遍修改。这次修改，达尔文几乎把清样涂得满纸乌黑，并且还粘上了很多纸条。

到9月初，达尔文的第一次校样基本修改完了。他对胡克说他的身体很糟糕，他打算用几个星期的时间修改完第二次校样，写完后就去看病。

1858年9月，英国科学协会在阿尔丁召开第29次代表大会。这次会议对于达尔文的《物种起源》的出版也很有意义。这么说的原因有两点：第一，作为地质分会主席的莱尔在会上作了题为《人类的远古性》的发言，发言中高度赞扬了达尔文即将出版的著作。第二，在会议的开幕仪式上，著名的古生物学家查得·欧文作了《物种的创造或形成》的演说。欧文有"英国的居维叶"之称，被认为是英国神创论的最权威代表。他在演说中竭力把达尔文和华莱士文章的观点同自己的观点硬扯到一起，硬说达尔文和华莱士的理论只是把他的原理推广到用变种代替典型生物而已，这当然是对达尔文和华莱士观点的歪曲和滥用。

有了身为地质分会主席的莱尔的推荐，再加上这位古生物学家的变相"推销"，对《物种起源》这本书来说，无疑是最好的广告宣传了。

1859年11月24日，这是一个值得纪念的日子。这一天，《物种起源》正式在伦敦各个书店发售。

《物种起源》一书出版的这一天，不只是在达尔文的个人生活中具有重大的意义，这也是19世纪50年代至70年代大批有学问的人对生物界的观点和对人在生物界中的地位的观点开始转变的一天，这种转变就像哥白尼在16世纪指出地球在宇宙中的位置而实现的转变一样。

然而在此之前，为捍卫达尔文主义这一进化论学说，支持达尔文的学者曾不得不进行了长达十年的艰苦斗争。在这十年的斗争过程中，达尔文的思想以及达尔文本人，曾经不断地受到攻击，这些攻击常常是粗暴的、恶毒的和不公正的。

论　战

- 在科学上面没有平坦的大路可走。
- 我能成为一个科学家，最主要的原因是：对科学的爱好；思索问题的无限耐心；在观察和搜集事实上的勤勉；一种创造力和丰富的常识。

攻击者

1856年是达尔文一生中最光辉的一年。关于生物进化的基本思想，是在他乘贝格尔舰作环球旅行时产生的。经过20年的深思熟虑和艰苦劳动，通过对大量事实的研究和收集，达尔文终于在僻静的唐恩小镇，将这些思想整理成文。这些相当有条理的思想，时而以简略的提纲表述出来，时而以系统的叙述表达出来，时而又以最详尽的著作形式出现。

《物种起源》的出版宣告了“达尔文主义”的诞生。达尔文主义一旦展现在公众面前，就一定会成为人们关注和评论的焦点，这种评论要么是由衷的赞叹，要么是恶意的攻击，但绝不会无关痛痒。

赫胥黎是第一个提醒达尔文要做好遭受攻击准备的人。《物种起源》问世不久，有一天，赫胥黎夫妇和胡克夫妇来看望达尔文。

吃饭时，两位客人举起香槟酒杯，向达尔文表示祝贺。赫胥黎一脸深沉地对达尔文说：“讲心里话，在我的记忆里，没有哪一部博物学著作给我的印象能像你这部书那样深。

为了你的学说——达尔文主义，我已经做好了被判火刑的准备。”

“你干吗这么说，好像大难临头似的。”达尔文并不以为问题会像赫胥黎说的那样严重。

“你以为我是故作耸听之言吗？”赫胥黎解释道，“查尔斯，我想用不了多久，你就会遭到那些颠倒黑白的恶狗们的攻击。到那时，你千万别在乎他们的乱叫，反正有我们这些拥护者顶着呢，我们已经准备好锋利的嘴巴，去驳斥那些胡言乱语。”

与赫胥黎不同，胡克并不担心事情会有多糟，他一直还沉浸在兴奋的情绪中呢。他谈了一大堆赞美《物种起源》的话，还觉得意犹未尽，又补充说：“我和莱尔都有同样的感觉，《物种起源》读起来和原稿真是大不一样。我觉得，这部著作简直棒极了，棒得都没法形容。”

这次会面后没有几天，赫胥黎的预言就应验了。

那个年代的英国并不是一个宽容的社会。很多人仍然笃信圣经上的每个字都是真理，人们生活在一种非常严格的道德规范的约束之下。尽管有一些人在一些方面表现得离经叛道，但永远不会发生在大庭广众之下。

达尔文变成了漫画家们的描绘对象。《伦敦画册》《笨拙》《漫画周刊》《大黄蜂》画刊上刊登过他的漫画，这与其说是逗笑，莫如说是恶毒攻击。他的头部、面部、白色长须都是按原来模样画出来的，但身体的其余部分则被画成多毛的猿猴，并有脚爪。

各方面的攻击既猛烈又沉重，而且常常发生在意料不到的地方。从北方的格拉斯哥到南方的普利茅斯，到处都有教士猛烈抨击和诅咒达尔文和他的书。几乎在一夜间，他变成了声名狼藉的人。在大不列颠，各地的人们在饭桌上热烈地讨论《物种起源》，参加讨论的人往往从来没有读过这方面的书。

达尔文是一个友善的、不爱与人争论的、随和的人。在施鲁斯伯里学校，在基督学院，在贝格尔舰上，达尔文的人缘都很好，他天生不喜欢和人发生冲突。他甚至没有参加过运动竞赛，而是喜欢沿着塞文河散步、骑马，在剑桥郡沼泽地带捉蛤蟆。虽然他相信大自然从来不说谎，但大自然的确犯了一个极大的错误，那就是挑选达尔文担当这副重任。他觉得自己好像又回到了贝格尔舰上，脚下是翻滚不停的波涛，随时会让他晕船难受，忍受风暴的打击。

很多年来，达尔文都没有再和菲茨·罗伊舰长见面，有一次他请舰长来家里做客。舰长来了，但他却是怒气冲冲地来的，他不支持达尔文的进化论观点。舰长的来访让达尔文感到十分伤心，但最让他伤心的竟然是塞奇威克教授——达尔文长期的好朋友——也不支持他。

塞奇威克给达尔文写了一封信，信中写道：

“如果我认为你不是一个性情和蔼、热爱真理的人，我就不会告诉你……我读了这部书后所感到的痛苦多于欢乐。有些部分使我非常钦佩，有些部分使我把腰都笑酸了；还有一些部分使我感到极大痛苦，因为我认为它们是极端错误的，而且是令人难以忍受的恶作剧。你把我们装到一部机器中去了，其狂野的程度，我以为，正如威尔金斯主教想把我们载到月球上去的那架火车头。”

这封信深深地刺痛了达尔文，塞奇威克教授应该知道达尔文在博物学方面，一生都是一个严肃的学生，没有比塞奇威克的嘲笑更让达尔文难过的了。

一连花了两天时间，达尔文才想好如何给教授回信：

“我以为您并不希望任何人隐瞒他的工作结果，这是他在经过了最大努力之后才得到的。我以为我的书并不是恶作剧：因为研究工作者如此之多，如果我错了，很快我就会被消灭；您肯定会赞同：只有从每一个攻击中取得胜利，真理才能被接受。”

也有心胸狭窄的爱嫉妒的博物学家发表匿名的文章抨击达尔文，说“《物种起源》仅仅是一部昙花一现的书，下一个星期，或者下一个月，还会有另一种昙花一现的书出现”。

捍卫者

在达尔文的支持者中也有一些牧师的身影。牧师布罗迪·英尼斯对达尔文说:“甚至在我认识你之前,我就公开地表示过,博物学、地质学和一般科学不应根据《圣经》进行研究。讨论自然的书和讨论宗教的书是在平行线上进行的,永远不会交叉。”

达尔文不解地问英尼斯:“我从来没有直接攻击过宗教和牧师,为什么他们要侮蔑我呢?”

“因为他们害怕了。他们害怕你的书会使他们丧失可以舒适享受的俸禄。”

达尔文常常为他受到人们的抨击而感到痛苦,但他也为身边朋友的支持感到欣慰。其实,达尔文不是一个重视名誉的人,他希望他的学说能够得到成功,只是作为对知识的一种贡献,而不是对个人名誉的欲望。

亨斯洛教授已经60多岁了,一头银白色长发,双眼围绕着熬夜的黑圈,自从妻子死后他就成了一个孤独的人;和菲茨·罗伊舰长不一样,他来达尔文这里不是为了争论什么,而是为了从达尔文和家庭的热烈感情中得到温暖。他们在一块儿过了几天之后，亨斯洛才在书房喝晨间咖啡时首先谈起他写书的问题。达尔文如此紧张地细看着亨斯洛的脸色，以至亨斯洛教授笑了起来，说道："再一次向你保证，没有任何事情可以影响我们的友谊。如果你受到攻击，我将竭尽全力支持你。"

哥哥伊拉兹马斯也看了《物种起源》，他对达尔文说："喂，瓦斯，你干得很好！你写的每一个句子都是来自我给你的化学训练，那是在蒙特山庄的小工具室进行的。你还记得我们用硫酸把邻居家弄得臭气冲天吗？"他们两个懒洋洋地伸开四肢躺在躺椅上，彼此靠得很近。

"你把《物种起源》全部读过一遍吗？"

伊拉兹马斯深深吸了一口气，开始慢慢说道：

"这是我读过的最有趣的一部书，我只能把它和我的最主要的化学知识相比。它好像进入了一个新世界，更确切地说，是在探索一个旧世界的内幕。"

还有莱尔夫妇和胡克夫妇的支持都给了达尔文继续前行的勇气。胡克那种日常的严肃表情不见了，他激动地说："这部书读起来和原稿大不一样了。当我和莱尔读这部书时，我们正好和他待在一起。莱尔完全被魔法迷惑住了，他绝对爱慕地凝视着这部书！至于我，我以为这是一部完完全全的辉煌著作，写得好极了，它会获得成功。我一定接受你在序言和谢辞中对我的帮助所说的赞美的话，我把它看做是来自一个忠实的、但受到误会的人所给予的最热情的颂辞。”

托马斯·赫胥黎是达尔文的忠实拥护者，他随时准备为达尔文去进行战斗。他兴高采烈地叫道：“这是一部今天的书……也是一部明天的书……一部后天的书。”“如果我没有弄错的话，有人将对您进行辱骂，或者歪曲您的思想，我希望您不要为此而苦恼或者感到惶惑不安。您可以相信，您已经博得了一切自由思想的人对您的永远感激。至于有些恶狗要吠、要吼的话，您应当记得，您的一些朋友们无论如何还有一定的战斗能力（虽然您时常公正地谴责我这一点），这种战斗力对您可能是有用处的。我正在磨利我的爪和牙，等着他们呢……”

使他高兴的是，这本书的法文版和德文版也相继出版，讨论它的人越来越多，哪怕是反面的批评也能促进对它的讨论和阅读，这是值得欣慰的，正是这一点使达尔文继续工作下去。

胜利

1860年6月的一个清晨,牛津大学幽静的林阴道上,有许多马车向博物馆大楼驶去。

服装豪华、穿着钟罩形裙的太太们,由穿得很漂亮的绅士们挽着走下马车,踏上演讲厅的台阶。许多身穿黑衣的教会人士,也走进杂色的人群中。另外还有许多学者和大学生、报纸和杂志的记者。

大家知道,今天要宣读美国科学家德雷珀的一篇论文。题目是《参照达尔文先生的观点,来探究欧洲的智力发展》。但是这些太太绅士们所感兴趣的,不是这篇报告,因为他们知道,今天威尔伯弗斯大主教本人要发言。谁不知道威尔伯弗斯大主教是个雄辩的演说家呵!今天他要对达尔文的著作发表言论了。

达尔文本人,因病没有参加。但他的朋友赫胥黎、胡克等人都出席了,准备为保卫达尔文的学说投入战斗。

有人记述当时的情景说:"情形是非常热烈的。本来预定在演讲厅开会,但后来发现人数太多,地方不够,会议就搬到博物馆的图书阅览厅里去。参加战斗的人出场以前，这里已经挤得水泄不通了。估计总共有七百到一千人。”还有很多人只好待在院子里和草地上。会议由主席亨斯洛主持。报告后，有几个人出来发言，但是听众们不耐烦听他们的话，大家都盼着大主教来讲话。

威尔伯弗斯大主教终于在讲台上出现了。

大主教的话滔滔不绝。他说，达尔文的理论不近情理，毫无令人信服的地方。谁能证明达尔文书上所说的变异性？谁证实过关于长脚羊的说法？还有鸽子的历史，谁能证明？他说是野生的原鸽产生了一切品种的家鸽，而它自己却还是保留原样，这话怎能叫人相信？……

他说，达尔文侮辱了人们习惯的信仰，对此他非常愤懑。他的声音时时变得非常庄重，就像在教堂里讲道一样。那些神情端庄的太太们和道貌岸然的绅士们，随着他说话的节拍和愤怒的手势，不住摇头。

他讲到造物主的伟大和智慧，这表现在血液可以蒸发成一种小体的形式……接着他又讲到什么“石炭纪时代的花和果实”，等等。

角落里，有许多大学生聚在一起，听到他这话，有人笑了起来。有些科学家的脸上，也掠过一丝笑容。但是一般听众都没有发觉他闹了笑话。

大主教又威胁地问道："总而言之，有谁在什么时候看到过、并且确切地证实过这种起源，说是一个种可以变到另一个种的呢？"

听众颇有同感地点头。

大主教突然说道：

"我想问问坐在我对面的赫胥黎教授，看光景到我作出结论时，他就要把我身体撕得粉碎了！我要问他，他对于人类出身于无尾猿是怎样的想法？他认为，他自己究竟在祖父方面，或者祖母方面是无尾猿的后代呢？……"

会场里爆发出哄然大笑和雷鸣般的掌声。

赫胥黎愤怒得再也无法沉默了。

大主教在结束他的话时宣称，达尔文的观点是反对宗教的，完全没有价值。

赫胥黎就站了起来。他慢慢地、平静而严肃地开始说话。

他说："达尔文的理论，并不是一个抽象的理论，它不过把大量的各种事实，用思考的线索连结起来……这个理论是复杂和多方面的。……我认为，这是对物种起源的最好解释，没有再好的了。"

赫胥黎指出，大主教的讲话中有许多错误。在石炭纪时代，根本没有显花植物，因此不可能说这个时期有花和果实；血是不会以“小体”的形式蒸发的；达尔文所说的美洲短腿羊，其实在文献中和实践中大家都早已知道了。

“至于人类起源于无尾猿的问题，这当然不应该这样粗浅地来理解。这里只是说到，人类在几千代以前，是和无尾猿有共同的祖先起源的……可是如果这个问题对我提出来，不是作为一个平静的科学研究的题目，而是情感的题目的话，那么我可以这样来回答。”

会场里寂静无声，都在等着这个又高又瘦，还很年轻，神情严肃而带有尊严的人的回答。

“一个人毫无理由要为了他的祖先是一只无尾猿而感到害羞。如果他是这样一种人，那我倒是要为他感到害羞的，这种人不安本分，信口乱道，不满足于自己活动范围的可疑的成就，还要在他一窍不通的科学问题里硬插一手，只为的是凭自己的花言巧语，把这些问题弄得糊里糊涂，用那些东拉西扯的离题话，再巧妙地利用一些宗教偏见，把听众的注意力从真正的争论焦点引到别的地方去。”

这时在大学生和一部分听众里，爆发出一阵真正是暴风雨般的掌声，给了大主教一个有力的打击。

后来胡克上台讲话。他的话说得简短而且坚决，他说，威尔伯弗斯主教显然根本没有读过《物种起源》这本书，却竟敢来判断这部著作，而且他在植物学方面，连一些基本知识都没有。胡克宣称，他认同达尔文的理论，因为它解释了植物的生活和构造上的许多事实，特别是植物在地球上的地理分布的许多事实。

当时有很多人起来讲话，其中自然科学家卢布克（卢布克是达尔文一家的老邻居，国会议员）也支持了达尔文的进化论。大主教哑口无言。会议就这样结束了。在牛津大学展开的这场激战，以达尔文取得了胜利告终。

晚年生活

- 我人生的经历就是学习—环球航行—再学习的过程，这就是我的自传。
- 我从来不认为半小时是我微不足道的很小的一段时间。

不倦的研究者

在《物种起源》一书出版后，达尔文的一切工作，不管是哪一方面的，都更加证实了这部书的论点。因此，达尔文把它看做自己一生中基本的著作。

他还写了一部《动物和植物在家养下的变异》。在这部书中他又引了无数事实，来证实他关于人工选择和家养动物起源问题的理论。

他总是不断收集事实，而且是最难于理解的事实，运用自己的理论来加以分析：这个事实或者现象是否可以存在而不给生物带来好处？如果它在自然界中有个地位，那么这就已经说明它有存在的权利了。存在的权利，是从事实的好处产生的。

达尔文做起试验来，总是非常细心，而且一连做上好几年。他进行的无数次观察和试验，只用一些最简单的东西。为了弄清异花传粉作用，他做了一千次的试验。普通的箱子、盒子都可以派上用场。甚至他用的化学天平，也就是从前在施鲁斯伯里他帮哥哥做化学实验时用的那架……只有在非常必要的时候才买一些特别的仪器。

制作标本，对他来说并不是一件轻松的事。他一直到老年还在不断学习，而且学得非常有耐心。到晚年时，他用发抖的双手做着标本的切片，但是成绩还是很好。

全部家人(孩子都已长大了)都参加父亲的劳动。弗朗西斯是他经常的助手。另外几个孩子，也按各自年龄，分享了父亲的兴趣。关于自然选择的道理，孩子们从很小的时候就知道了。

达尔文主要的性格特点是实事求是，非常诚实。对每个事实，他都记述得十分客观，毫不掺入自己的偏见。他从不允许自己歪曲别人的意见，哪怕这是完全反对他自己的见解的，而且总是非常小心地对待批评者的意见。

应得的荣誉

华莱士从海外回来了，听到这个消息，达尔文非常高兴，他们虽然一直在通信，可总是没有机会在一起好好地聊聊。特别是几年前在林奈学会上宣读论文那件事，因为事先没有征得华莱士本人的同意，所以达尔文一直想当面向他解释一下。

这一天终于来到了，就在《兰花的传粉》出版后不久，华莱士专程从伦敦到唐恩看望达尔文。华莱士是乘坐达尔文派去的马车来的，车一到，恭候在大门口的达尔文就迎上前去，老友重逢，两个人紧紧地拥抱在一起。

39 岁的华莱士是个瘦高个儿，两条长腿，满头黄发，深蓝色的眼睛上架着一副没边儿的小眼镜，分布均匀的胡须修剪得很整齐。相比之下，53 岁的达尔文就显得有些“老态”，看上去就像是华莱士的长辈。

达尔文按照往常接待来访学者的习惯，把华莱士领进书房。仆人给华莱士递上一杯柠檬水，华莱士轻轻呷了一口，达尔文这才问道：“华莱士，你究竟在外边待了多久呢？”

“整整八年。”华莱士回答道。

“那去过的地方一定很多了？”

“主要是在太平洋和印度洋地区，我在马来西亚、苏门答腊、爪哇、婆罗洲、西里伯斯、摩鹿加、东帝汶、新几内亚都待过一些时候。”

“那里居住的可都是未开化的种族啊，你能在那儿待八年之久，真了不起！”

接着，达尔文把话题一转，说：“你的成绩更了不起，回到英国之前，就已经发表了35篇文章，我读过你的全部文章，对你的文笔和论点非常敬佩。”

听达尔文这么说，华莱士深受感动，神情严肃地说：“可我还没有写出一部像你的《航海日记》和《物种起源》那样高水平的书呢！”

“不，我只不过比你先走了一步，令我感到惊奇的是，你是怎么想出‘自然选择’这个理论的，为什么只有我们两个人的想法这样完全一致？”

“这和我受你的《航海日记》的影响关系很大。我是在1847年读到这本书的，从那时起，我就迷上了今天正在从事的事业。”华莱士始终把自己摆在“晚辈”的地位。

两人谈得很投机，不知不觉就到了中午。达尔文建议：

“你有兴趣去散发着泥土清香的小路上走走吗?”

“当然,这是我求之不得的。你大概还不知道这条小路的名气吧,因为你的一些重要思想是在这条小路上散步时产生的,所以在伦敦,有人把它称为‘通向未来的小路’呢。”华莱士欣然接受了达尔文的邀请。

达尔文和华莱士会面后不久,莱尔的《人类远古性的地质证据》出版了。出版之前,达尔文就看过这本书的手稿。他对这本书不太满意,认为只是用地质证据对人类起源进行了一般性的观察,而没有反击反对派的挑战。

在和莱尔坦率地谈了自己的看法后,达尔文又一次病倒了。

1863 年是达尔文最难度过的一年,他的健康状况糟透了。他过去常闹肠胃病,要不就是失眠,可现在这些病痛都加重了,而且经常犯,犯起来就疼得只能卧床不起。

这一次他又病倒了,躺在床上,回想起他曾经用过的各种治疗方法:水疗法、痛风石疗法、硝酸盐疗法、冰袋疗法、饮食疗法、使用高锰酸钾的臭氧化液疗法,以及用沾过醋的铜钱缠绕腰部和颈部的“土疗法”。可这些疗法都没有明显的疗效。

达尔文的夫人爱玛强迫他放下手里的全部工作,甚至连书也不让他读。可他根本不会休息,他“静养”中的大脑比正常工作时还活跃,即使不能写作了,他还是要“动手”。不知什么时候,他从外边弄来了一株野黄瓜,悄悄地养在花盆里,每天都要侍弄一番。后来,他惊奇地发现,野黄瓜各个枝条的最高部分都缓慢地缠绕成圆圈,在缠绕了两三圈之后,这些圆圈又自动解开了,并向相反的方向再缠绕成新的圆圈。从解开到重新开始缠绕,大约有半个小时的静止时间。

达尔文惊奇地孩子似的把这个“发现”告诉了孩子们,他们都被这有趣的现象迷住了。达尔文当然不会仅觉得“有趣”一下就过去了,他联想到黄瓜属于攀缘植物,记得有两个德国人提到过攀缘植物的这种特性,但没有做进一步的研究。他的大脑马上变得异常活跃:“我何不就这个问题写一本小书呢?这肯定是一本令许多人吃惊的小书。”

他身边没有可以探讨问题的人,莱尔、胡克、赫胥黎都不在,他只好跟孩子们讲。孩子们听了都连声叫好:“爸爸,爸爸,要是能写成一本书,那可就太有意思了!”

爱玛很快发现了达尔文书房里的“秘密”,但她觉得这并不妨碍达尔文养病,就假装不知道这件事。达尔文见爱玛不干预自己的事,便“得寸进尺”,索性动笔,写起关于攀缘植物的小册子来。爱玛发现时,他已经写了将近一半,他还为自己找借口，说：“我这都是为了孩子们，我答应过他们要做这件事的。”

听达尔文这么说，爱玛只得叹口气，默许达尔文写完剩下的那一半。她深知达尔文的脾气，你想让他停下已经干了一半的事情是不可能的。

这就是达尔文《攀缘植物的运动和习性》一书的写作经过。这本书完全是达尔文在病中完成的，全书有一百多页，林奈学会的《学报》介绍了他的这项研究成果。这本小册子因为没有直接触犯“神学”，所以受到博物学家们的一致好评。

正当达尔文在病中“偷偷地”写“攀缘植物”的时候，他听到一个消息，英国皇家学会柯普雷奖章的评选活动正在紧张进行。柯普雷奖章是英国科学界的最高荣誉，谁得到了它，就等于确立了谁在科学界的崇高地位。

达尔文的朋友们当然希望他能够获奖，他们不认为这是达尔文个人的事，因为只有经过比较保守的老一辈学者的认可，达尔文才能赢得这个荣誉，因此意义重大。毫无疑问，获得柯普雷奖章将是达尔文主义的又一次胜利。

在一封郑重递交给英国皇家学会的推荐信中，有这样一段话：

“……达尔文先生不仅是当代卓越的博物学家之一，而且今后将被视为所有国家、所有时代的伟大博物学家之一。达尔文先生的伟大著作《物种起源》一直不被列在正统的科学研究范围之内，这是不公正的。他经过了20年的调查研究之后，发表了他的观点，有充分的根据可以说：这些观点立刻在整个文明世界引起了轰动。这是一个独立的头脑不懈努力的结果，能在这样广泛、难度这样大的问题的研究中取得成功，是令人难以想象的……”

这封有分量的推荐信堵住了那些“上世纪”的评委们的嘴，他们一时讲不出什么反对的理由，“被迫”同意授予达尔文柯普雷奖。

达尔文估计在授奖大会上会出现令人不愉快的场面，因而没有出席这次大会。

1864年11月，颁奖大会召开。果然不出达尔文所料，大会主席在致辞时说了一段耐人寻味的话，如果达尔文在场他一定会感到不安或愤怒的。他说：“给达尔文先生颁发柯普雷奖章，是明确地排除了对《物种起源》的考虑的……”

他话没说完，赫胥黎就站起来反问：“怎么能这样？主席先生，皇家学会理事会在讨论这个问题时，并没有回避《物种起源》啊，当时的讨论记录都在，您为什么要违背大家讨论的结论呢?”

莱尔也反对大会主席排斥《物种起源》的做法。

这样,大会主席不得不表示,他会在致辞的印刷文本中改正他的意见。然而他说话不算数,达尔文收到的印刷文本中仍然有“排除了对《物种起源》的考虑”这句话。

然而,敌对者们用这种“蒙混”的做法并不能抹掉这枚奖章的光彩。他们想阻止《物种起源》向还没有到达的地区传播,是根本办不到的。

获奖以后,达尔文收到许多朋友和支持者的祝贺信件。达尔文在给赫胥黎的复信中写道:“颁给我的真正的奖章,是你和其他人写给我的这些信,而不是那块圆形的小金牌。”

柯普雷奖的确是达尔文应该得到的荣誉。比这种荣誉更重要的是,这种“公开的奖赏”毕竟帮了达尔文主义的忙,对传播《物种起源》的观点是大有益处的。

揭开人类起源之谜

1867年2月，达尔文完成了《关于家养状态下的动物和植物》这部巨著，并将手稿付印，然后又着手写关于人类起源的书。这个问题对所有接受达尔文进化论学说的人来说，是一个很自然的问题，达尔文的一些支持者也已经对这一问题作出答复。

正如我们所指出的，最先是达尔文的才华横溢的朋友赫胥黎对“人类在自然界中的地位”这一问题做了许多研究，而且特别细致地研究了类人猿的脑和人脑的构造，因为当时人们认为脑体结构正是人和所有其他哺乳动物在身体上最主要的差别。赫胥黎在和奥温的论战中证明，事实并非如此。

还在1837年至1838年间，达尔文就开始收集人类起源方面的材料，但是最初他并未对这些材料进行整理，因为材料很少，而且说服力不强，因此达尔文不敢发表。对他来说，物种问题是最重要的，如果发表有关人类的材料，反倒会助长反对他的观点的那种偏见。

人们在认识上的整个进步，使达尔文打消了顾虑，从而着手整理人类起源方面的材料，以便出版。当然他也清楚，在他所处的时代，用以说明个别的物种即人类的进化这个问题，还没有像生物的现在和过去的地理分布及其所处的地质层序列，这样一些能颇有成效地一般说明生物进化的"强有力的证据"。

但是，我们不要忘记，我们现在所依据的有关直立猿人、北京猿人、非洲类人猿化石的一切古生物学方面的资料，都是在达尔文逝世后才发现的，而且这些资料，每隔十年就会使人们更加准确地认识人类在远离他们和类人猿的共同祖先之后所走过的发展道路。达尔文不得不只限于研究一些间接的论据，这些论据足以使人相信人类起源于某种低级的生物，足以作出人类是怎样发展来的这样的设想。

困难从来也未吓倒过达尔文。他承认困难，甚至好像在寻找困难，他酷爱真理，在他的天才的精确的天平上，他衡量一切"赞成"和"反对"；接受某一观点时，他要看哪一些论证占优势，要看这些论证和他的基本科学信仰符合到什么程度。

关于《人类的起源》这本书，起初，达尔文打算把这本书写成《关于人类的一章》，但是很快他就决定出一本篇幅不大的书，其中有一章写人和动物的感觉的表现。华莱士在他发表的文章中曾提到关于人种起源的问题，这促使达尔文思考这一问题，并用他在1842年和1844年的两个《概要》中就已经表述过的性选择原则，来解释人种的起源。这促使他想彻底研究性选择的理论，并在动物界各纲中运用这一理论。

这样，已构思好的书篇幅越来越长。有关这本书的材料的收集工作，在1867年因写其他几部著作而中断了几次，也因达尔文的健康状况几度恶化而停顿。

1864年开始，特别是1870年，是达尔文写《人类的起源》最紧张的时刻。1870年8月底以前，该书脱稿，8月30日付印。

在《人类的起源》中，有一个句子非常有趣，它谈的是关于达尔文对当时复杂而又艰难的问题的唯物主义态度，对这个问题他在这里做了细致的研究。这句话是："关于大脑的情况我们了解得很少，但是从智能能够达到很大的发展这个情况来看，我们有权认为大脑各部分之间存在着很细的连接线，很可能，由于这一缘故，每一个单独的部分，就能渐渐地丧失以某种单调的(即本能的)方式来对感觉和联想作出回答的能力。"

看来，达尔文想用这一点来给自己解释人以记忆、预见、思考和想象作为基础而发出的动作同动物完全类似的本能动作之间的差别。他说，人应该学会自己的工作，例如造出船只，制出石斧，如同蜘蛛能立刻巧妙地结出蛛网，海狸能构筑屏障物，鸟能筑巢一样。

达尔文的这部新著作，就其内容的新奇，结构的独特，想法的大胆，涉及的问题对人类的重要性和它所取得的丰硕成果来说，应该认为其重要性仅次于《物种起源》。如果我们看到了这一课题的巨大困难，那么我们是可以把这部书的写作工作看做是达尔文建树的丰功伟绩的。

书中一方面有大量的实际材料，另一方面有独创的新的理论思想和结论。实际材料涉及到人的身体构造，涉及到人类发展中那些阐明人类起源于低等生物的特征。从那时起，这一材料成了可靠的基本科学文献，人们从中不断地汲取人类起源于动物的论据。

此外，达尔文在这本书中所收集的有关动物第二性征在交配期间的作用的大量材料，也成为性选择或者解释性选择这一问题的基本文献。

至于谈到理论观点，达尔文在这里也作出了榜样：在问题最混乱、最复杂的情况下，在详细研究实际材料和一切可能实行的解决办法时，应该如何创立自己课题的理论，应该如何仔细地衡量一切“赞成”或者“反对”的意见。最后，他又为我们作出了榜样，在这些结论中应该如何把无可争议的工作结果和只是设想的工作结果区别开来。

那么，研究的主要结果究竟是些什么呢？

首先是一个无可争论的结论：人类起源于某种低等生物，人类和其他哺乳动物的祖先是共同的，人类各种族也是有其共同起源的。与此同时，还创立了人类最可信的假设的系谱，并提出了论据，证明大大优越于动物智能的人类智能和动物智能之间，只是在程度上，而不是在性质上有区别，并且人类精神方面的感情，是由动物在某种程度上具有的那种共同的本能和同情心发展而来的。最后，就人类种族的起源问题，提出了一个科学的假设。

然而，达尔文也说过错话，他说人类起源于低等动物的理论与承认人类在质上的独特性是互不相容的。解决人类起源问题的途径，应该是把研究者对人种在动物世界中的根源的研究，引向对人类与独立于动物之外的原因的理解上。

马克思主义的创始人之一恩格斯写了《劳动在从猿到人的转变过程中的作用》一文，强调了这种关系，他指出，是劳动创造了人，劳动是从自然选择作用下解放出来的“新的进化形式”，人类的产生和进化，是在劳动过程中实现的。恩格斯的见解不但弥补了达尔文一些观点上的不足，而且还反击了华莱士在人类起源问题上的唯心主义观点。人类的起源之谜就这样被揭开了。

《人类的起源》的命运比起《物种起源》来，可谓一帆风顺。这本书在出版后不久，就迅速被译成了六种文字，传向世界各地。到了19世纪70年代，已经没有任何力量可以阻止达尔文主义的传播了。

不断耸起的丰碑

《人类的起源》出版以后，达尔文一点也没有感到《物种起源》出版时的那种亢奋。相反，他感到精神不振。在1872年整整一年中，他几乎没有写任何东西，只是在给一个朋友的信中写了这样一句话：“我的身体逐渐衰老了，也许我的智力也快要衰退了。”

但就在这一年，达尔文的一本小册子《面部表情》出版了，书中详细解释了人类的感情是怎样通过神经系统和面部肌肉的运动表现出来的。他本来想把这本书的内容作为一章，放进《人类的起源》中，后来发现手头的有关资料太多了，特别是那些他在爱丁堡大学读书时积累的解剖学和生理学笔记，因此不得不单独写一本书。

结果《面部表情》成了一本畅销书，刚一出版就卖掉了5000册，而且在后来的十年中，差不多每年都要加印，足足发行了几万册。

岁月在达尔文不懈的探索中流逝。1875年7月的一天，有一个德国人找上门来，想请在科学界享有盛誉的达尔文写一部自传。

达尔文在答复他之前先和爱玛商量了一下。爱玛说："我看这件事是值得干的,你不是一直在考虑给儿孙们留下什么东西吗?大概没有什么比这更珍贵的遗产了!""是的,我也愿意接受这个请求,一旦写起自传来,我至少可以少受一点看显微镜的辛苦了。"

答应了那个德国人以后,达尔文的思绪很快就闪回到了他的童年时代,再一段一段按照时间的序列延伸……幼年时代在美尔村的故事,对父亲罗伯特·达尔文的印象,乔赛亚舅舅的音容笑貌,在施鲁斯伯里的七年,在基督学院的三年半,乘贝格尔舰航行的五年……

他一般上午写作,下午边散步边进行回忆和思考,仅用了一个多月就基本写完了。他在总结自己的成功经验时写道:"我这个人有办事有条不紊的习惯,这对我从事这项特殊行业是至关重要的……我的健康条件很差,经常被迫放下手里的工作,耽误了许多宝贵的时间,但也使我回避了社交和娱乐活动,赢得了许多宝贵的时间。"

"作为一个科学家来说,不管我的成就有多大,决定的因素首先是我——热爱科学,有了这一条,才能在长期的思索中表现出不寻常的耐心,以及在观察和搜索事实时的勤勉。

有了这些,我这个平庸的人才具备了相当的发现力,并且竟然在一些重要的论点上相当程度地影响了科学家们的信仰。”

爱玛一口气读完了达尔文的自传后,对达尔文说:“我觉得很有趣,别人看了一定会觉得更有趣,你打算交给那个德国人出版吗?”

“我想,这个自传虽然是我接受那个德国人的邀请才写的,但它首先是为我的儿孙们写的,我想让他们了解我生活经历中的那些小故事。至于出版,我只能同意他引用其中的一些片段,而不同意出版整个自传。”

1877 年 2 月 12 日,是达尔文的 68 岁生日,他原来蓄的灰白色短胡须,不知什么时候变成了雪白的长胡须。爱玛想为他好好地庆贺一下,被达尔文拒绝了。于是,他们决定不通知任何人,一家人在一起聚一下就算了。

尽管如此,达尔文还是收到了不少贺信和生日礼物,其中有两本非常漂亮的相册,是他的德国和荷兰的崇拜者寄来的。相册中收集了这两个国家许多著名科学家的照片,每张照片下面都写着敬献者的祝词。

达尔文翻看相册的时候,激动得白胡须直抖,眼眶中闪烁着晶莹的泪花。他立即给敬献者们写了一封答谢信,说:“我相信每一位科学家都会有感到孤独、需要鼓励的时候,尤其是我已经步入晚年,创造力大大地下降,就更需要得到人们的理解和帮助。当我看到这些卓越的同仁们的肖像时,我感到莫大的安慰。在我死后,这两本相册将是留给我的孩子们的珍贵遗产。”

儿子弗朗西斯看到眼前的情景,禁不住问:“爸爸,这种事您还是第一次遇到吧?”

“不,当然不是。不过,这份由这么多科学家的照片集合成的厚礼,在我所收到的礼物中的确是独一无二的。”

“您还收到过什么珍贵的礼物呢?”

“那就要属《资本论》第一卷了,是德文的第二版,马克思的天才巨著,他签名后送给我的,四年了,我不仅珍藏着这本书,而且还能记得扉页上的题词:‘赠给查尔斯·达尔文先生,你真诚的钦慕者卡尔·马克思。’当《物种起源》受到反对派围攻的时候,马克思用赠书来表示对我的支持,我至今仍深深地感激他。”

“除了这些还有什么?”

“还有很多,我一时想不起来了。”

“让我帮您统计一下,行吗?”

“当然可以,如果你愿意的话。”

统计结果很快就出来了，一共有75个外国科学团体授予达尔文荣誉成员的资格。在伟大的艾萨克·牛顿逝世以后的一百年来，还没有任何一位学者或科学家获得过这么多的国际荣誉（牛顿是"万有引力定律"和"运动定律"的发现者，毕业于剑桥大学并成为这所著名大学的教授）。

随着达尔文主义被普遍承认，达尔文本人也受到人们的普遍尊敬和仰慕。在科学的丰碑不断耸起的同时，各种荣誉也接踵而来，剑桥大学最先做出表率，授予达尔文法学博士的称号。在为他授予称号而举行的隆重大会上，校方代表用拉丁文宣读了贺词："愿您这位以渊博的学问向我们深刻说明自然法则的人，成为我们的法学博士。"这一天是难忘的，事情过去了很久，达尔文还记得当时的惊人场面，会议厅二层楼的两侧挤得满满的，底层大部分是学生，人山人海，有些没座位的人爬到雕像上，还有些人站在窗台上，欢呼声此起彼伏。达尔文穿着红色的博士外衣一走进会场，就有一只猴子跳上拴在两侧楼座上的绳子，摇摇晃晃地走来走去，弄得大家哈哈大笑。大学生们以这种"恶作剧"式的方式向达尔文表达出他们由衷的敬意……

校委会还拨款400英镑，为达尔文绘制了肖像。

在剑桥哲学学会为达尔文举行的庆贺宴会上，赫胥黎发表了热情庄重的贺词："我愿意在此表示一个深刻的信念，不管人们如何评价达尔文的学说，其成就都是空前的，自从古希腊的亚里士多德对生物知识进行总结以来，两千多年来，还没有任何东西可以与《物种起源》相比。因为这本书表达了生命的各种现象的连贯性的概念，这种概念从头到尾都贯穿着一个统一的思想，全书显现出生机勃勃的面貌。"

接着，达尔文又被法国科学院植物学部和柏林科学院相继选为通讯院士。

面对这么多的荣誉和赞扬，达尔文表明了他谦虚诚挚的态度。他写信给赫胥黎，说："你们在我这个苍老的头上堆满了又高又厚的荣誉，我不能全部承受。我清清楚楚地记得你在牛津大学论辩时发表的那篇伟大的演说，它在传播进化论方面的巨大作用才是值得大书特书的。"

达尔文是爱的化身。他的爱远远超出了家庭的范围，他对科学事业的捐赠是非常多的，仅仅通过出版商默里，就捐赠了5000多英镑，其中包括把国外一些科学家的重要著作译成英文，购买大量的科学书籍送给所属各学会的图书馆，为大学添置必要的科研设备。

他还从自己的奖金中拿出一部分资助他的朋友和年轻的科学家。有一次，赫胥黎劳累过度，健康有彻底垮掉的危险，而他还要为生计奔波，不能长期休养。达尔文想送他一笔钱，可是又知道他是个自尊心极强的人，肯定不会接受。于是，达尔文给他写了一封信，告诉赫胥黎，说有一笔 2100 英镑的钱已存进了他的银行账户，说这是“为了公众的利益”。信的结尾是这样的：

“你应该理解我们的心情，我对待你的感情和对待自己的亲兄弟没有什么两样。你不也是这样对我的吗？请你给我这个平等的表达心意的机会吧，这将是我终生都感到高兴的事！”

这样恳切的一番话，说得赫胥黎没法推辞，他只是大声地说了一句：“我究竟做了什么，竟然值得查尔斯对我如此厚爱！”他最终还是接受了那笔钱。

就这样，达尔文不仅在科学史上竖起了一座丰碑，也为世人营造了一座“爱”的丰碑。

1879 年 2 月，达尔文 70 岁寿辰的时候，德文杂志《宇宙》为给他祝寿出版了专号，还刊登了一篇达尔文的小传。这个小传是根据达尔文提供的那份材料写成的，这份材料的后面还附了他发表的所有著作的清单。

达尔文的最后一部巨著是关于蚯蚓的，书名叫《蚯蚓作用下表层沃土的形成》，于 1881 年 10 月 10 日出版。这本书在出版后的三年里共卖出了7500册，比同一时期《物种起源》的销售数量还多。这倒不是由于达尔文的名气，而是由于这本书写得特别平易通俗。他长期以来一直想写一本能让所有识字的人都能读懂的书，如今这个愿望实现了。

通过这本书，达尔文彻底改变了人们对蚯蚓的印象……蚯蚓不再是一种瞎眼的、迟钝的、没有感觉的、黏黏糊糊的令人讨厌的环节动物，而是有理智的、起有益作用的动物。它能造成巨大的地质变更，能挖平山坡，它不但是人类的朋友，还是当之无愧的“古迹保护协会的一名会员”呢。

在达尔文一生的最后几年中，他做的最主要的一件事就是再版和充实他已经出版的著作。不论在健康多么恶劣的情况下，他都在不停地写作、写作……

威斯敏斯特大教堂

1882 年 2 月,达尔文感觉到自己身体特别不好,有眩晕现象,心脏出现病态。3 月 7 日,达尔文在散步时,心脏病发作了。4 月 17 日,情况却好了些,还代弗朗西斯把一次试验的经过作了记录。19 日,心脏病又剧烈发作,又昏厥过去,到下午 4 点左右,达尔文逝世了……

达尔文的家中人都想把他葬在他所心爱的达温。但下议院提出,这样一位伟大科学家,必须安葬在伦敦的威斯敏斯特大教堂。他的家属只好同意了。

送葬仪仗非常隆重。送殡的队伍中有许多科学家、大学和科学团体的代表、国家要员、各国外交代表和社会各阶层的无数群众。

威斯敏斯特大教堂是最优美的哥特式建筑物之一,建于 7 世纪。从 11 世纪起,所有的英国国王和女王,都在这教堂里加冕。他们死后又大多安葬在这大教堂里面。靠大门的一边是最质朴的纪念像——“诗人之角”,这里放置着莎士比亚、密尔敦、阿狄生等许多人的雕像。达尔文的墓穴在中堂东北角,和牛顿爵士的墓相距只有几米远。墙上有一块圆形金属浮雕——达尔文头像。

墓碑上刻着:

《物种起源》及其他几部自然科学著作的著者

查理·达尔文

生于1809年2月12日

卒于1882年4月19日